教育部哲学社会科学重大攻关招标课题
"中国道德文化的传统理念与现代践行研究"（08JZD006）阶段性成果

公务员职业道德培训丛书

李建华 李建国 主编

公忠论

从"'公忠'思想溯源"、"公在心中，方为忠"、"忠于家国，忠于岗位"等方面，选择古代若干位杰出的"公务员"，通过他们忠于国家、忠于岗位的具体事迹，阐释"公忠"思想对为官从政者的重要意义；同时，通过对各种反面事例的剖析，论述"公忠建设"，挖掘了"公忠"思想的深度和可操作性。

张善燚 ◇ 著

传统与现代的交锋，理想与现实的碰撞。

古今中外，旁征博引，视角独特。

且看本书如何论道"公忠"。

华夏出版社
HUAXIA PUBLISHING HOUSE

图书在版编目（CIP）数据

公务员职业道德培训丛书. 公忠论 / 李建华, 李建国主编；张善燚著. — 北京：华夏出版社，2013.1
ISBN 978-7-5080-7278-4

Ⅰ. ①公… Ⅱ. ①李… ②李… ③张… Ⅲ. ①公务员—职业道德—中国—学习参考资料 Ⅳ. ①D630.3

中国版本图书馆CIP数据核字(2012)第253787号

公务员职业道德培训丛书·公忠论

主　　编	李建华　李建国
作　　者	张善燚
总 策 划	袁　伟
出版策划	嘉伟文化 JARL.V CULTURE
责任编辑	赵　楠
特约编辑	李　芸

出版发行	华夏出版社
经　　销	新华书店
印　　装	北京汇林印务有限公司
版　　次	2013年1月第1版　2013年1月第1次印刷
开　　本	710×1000　1/16
印　　张	13.5印张
字　　数	150千字
定　　价	25.00元

华夏出版社　网址：www.hxph.com.cn　地址：北京市东直门外香河园北里4号　邮编：100028
若发现本版图书有印装质量问题，请与我社营销中心联系调换。　电话：(010)64663331（转）

目 录
Contents

序

第一章 官德之本：公忠的伦理范畴

一、何谓公忠：公忠与私忠辨析//016

（一）公忠的伦理思想内涵//018

（二）公忠与私忠的区别//023

（三）公忠是官德之本//026

二、公忠意识：行政伦理观的核心理念//028

（一）公忠意识与行政伦理//028

（二）公忠意识能够提升行政人员的道德品质//030

（三）公忠意识有助于提高行政人员的执政能力//034

三、公忠原则：行政伦理体系的核心价值//037

（一）公忠之德内含的公平公正原则是行政伦理的基本价值诉求//037

（二）公忠之德提倡的执政为民原则是行政伦理的最高价值所在//040

（三）公忠之德要求的依法行政原则是行政伦理的价值保障//042

四、公忠规范：行政伦理实践的制度示范//044

（一）公忠规范是构建行政伦理制度的基础//045

（二）公忠规范丰富了行政伦理制度的内容//047

（三）公忠规范为行政伦理制度确立了坚定的政治品格//049

第二章 公忠之源：公忠观的中西伦理变迁

一、公忠、私忠合一：我国古代公忠观的标志//053

（一）忠文化起源与萌芽——朴素公忠到绝对私忠//053

（二）忠文化的早期发展——绝对私忠到公忠私忠合一//056

（三）忠文化的封建定型与成熟阶段——公忠为表、私忠为本//064

（四）忠文化在曲折中缓慢前行——私忠为本极端化发展//070

二、崇尚公忠：西方社会公忠观的基本追求//073

（一）西方忠文化的萌芽时期——忠诚于集体、城邦//073

（二）西方忠文化初步发展期——忠诚于国家、法律、民主//074

（三）西方封建中世纪忠文化曲折发展期——忠诚于教皇、君主、国家//075

（四）资本主义文艺复兴、启蒙运动时期——忠诚于国家、君主、人民//076

（五）工业革命时期——忠诚于政治、行政以及组织//078

（六）二战后至今行政忠诚新发展时期——忠诚于自由、组织、公平、正义、人民//080

三、以公正为核心的公忠：现代行政公忠观的共识及形成//081

（一）中西方忠文化比较及价值判断//081

（二）现代行政公忠观的形成//088

第三章 公忠之鉴：公忠实践的异化与背离

一、公忠观念倒错：理性缺失//094

（一）忠诚对象错位，强化了个人忠诚//094

（二）"一言堂"现象突出，助长了明哲保身//096

二、公忠内容混乱：规则失范//099

（一）缺乏完善的公忠制度设计与实施保障//099

（二）缺乏社会公众的参与，公忠私忠混淆//107

（三）公共政策缺乏公共性，公忠效力备受质疑//109

三、公忠机制呆滞：奖惩失明//110

（一）奖励制度失范//111

（二）惩戒机制滞后//115

四、公忠文化保守：教育失当//122

（一）公忠标准、规范不尽科学、完整//123

（二）公忠教育相对落后//124

第四章 公忠之道：公正的伦理培育与道德评价

一、正义：政府的权能表现//135

二、公平：社会的伦理规定//145

 （一）权利与义务的关系//146

 （二）利益分配关系//150

 （三）公平与效率的关系//152

三、正直：个体的德性要求//154

四、民意：公正的道德评价标尺//160

 （一）民意的内涵//161

 （二）民意的价值//163

 （三）民意的表达机制//164

 （四）公忠的民意评价//167

第五章 公忠之路：公忠建设的伦理整合路径

一、重塑观念：培育理性的公忠观//170

 （一）忠诚方式的转换：由盲从到智从//170

 （二）忠诚内容的转换：由无限到有限//171

 （三）忠诚价值的转换：由单向到互惠//177

二、重构规则：公忠规范的效力与层次//178

 （一）公忠规范的范围与冲突//178

 （二）公忠规范的三个层级//181

三、加强制裁：加大违反公忠义务的道德、法律成本//184

 （一）构建履行公忠义务的激励机制//185

 （二）完善背叛公忠义务的惩罚机制//185

四、加大教育：培植公务员个体公忠的修养与操守//192

（一）坚持以人为本的教育理念，培养公忠道德修养//192

（二）强化行政伦理生成机制，塑造公忠伦理人格//193

（三）增强责任意识和服务意识，培植公务员的公忠美德与操守//198

（四）突出公忠教育的"五个环节"//201

参考文献//205

Foreword 序

随着中国政治体制改革的深入，政治权力的构建与制约越来越需要道德的规范，特别是对公共权力的执掌者——官员——的德性要求也越来越高。近年来，公务员职业道德问题成为社会关注的焦点之一。如何有效加强公务员道德建设，防止官员腐败，树立良好的政府形象，是一个亟待解决的问题。

一、官德是社会的主体性道德

从社会成员的分层来看，官员是社会道德活动的主体；从社会道德的层次来看，官德是社会的主体道德。官德的主体性地位，首先是由官德的社会价值决定的。由于官员在社会生活中处于领导地位，手中掌握着权力。他们既是群体利益的代表者和维护者，又是群体意志的体现者和协调者，也是群体活动的组织者和教育者，还是群体关系的设计者和执行者；他们对社会的人、财、物等方面进行全面领导、管理、协调和服务。所以，"政治路线确定之后，干部就是决定因素"。正因为这种"决定因素"，社会和人民在道德上对他们赋予极高期望，官德在社会生活中，尤其是道德建设中起着举足轻重的作用。在改革开放和建立社会主义市场经济体制的今天，如果说当代中国社会发展中的道德建设已经引起人们的极大关注和忧虑，那么，公务员职业道德建设就是当代道德建设中的关键性问题。

公务员的职业道德取向直接显示着社会的道德导向。就当代中国社会道德发展状况而言，在确定了社会主义市场经济目标取向以后，受经济活动方式直接影响的道德建设，正处在新的定位过程中。道德规范和要求以及道德学说，被充实完善者有之，吸纳补充者有之，更新替代者有之，摒弃不用者亦有之。社会的不同阶层及成员如何在这一过程中判断社会的道德导向，并决定个人的道德取舍呢？他们既不可能再去因循计划经济体制下的道德规范，又对市场经济条件下的道德要求缺乏应有的理性认识。处于社会领导职位、担负不同领域和不同社会层面领导职务的领导干部的道德取向，在这种情况下就凸现出其导向作用。一方面人们从其道德言论中感悟社会所倡导的道德要求；另一方面人们又从其道德行为中判断善恶是非。公务员职业道德建设不仅显示了社会道德建设的主题，而且成为社会道德建设的重要组成部分，它对自身问题的解决，无疑会推动整个社会道德建设的全面开展。同时，由于官德在社会道德体系中的特殊地位，官德建设取得的成效，具有社会道德建设中其他内容均不可能具有的强烈示范效应，从而增强社会成员的道德建设信心，推动道德进步。

其次，从政治性角度分析，官德在本质上是一种政治道德，而政治道德始终处于社会道德的核心地位。

在中国的传统道德中，政治和道德是融为一体的，表现出明显的伦理政治化和政治伦理化的特征。伦理政治化就是通过把伦理产生的一切社会功能和文化功能与政治联系起来，扩大和加强伦理的政治功能，来保证封建政治制度能够在一系列伦理原则的规范和调节下有序地运行；政治伦理化则是把封建统治的政治目的、政治权力、政治秩序等归结于伦理观念，进而从伦理的角度证明封建政治制度的合理性。难怪一些思想家把德治、政德看作是国家兴亡的重大问题。在我国最早的一部政府重要文件及政治论文选编——《尚书》中，就提出了"德惟治，否德乱"的主张，即为政以德则治，不以德则乱。孔子也强调："为政以德，譬如北辰，居其所而众星拱之。"①汉代大思想家董仲舒再三说："以德为国者，甘于饴蜜，固于胶漆。"②这种思想观念一直延续到近代。孙中山先生就明确指出："有了很好的道德，国家才能长治久安。"③但道德对国家政治的重要作用，要靠人去实践，政德要靠为政者去实践，为政在人，因此，官德是关系国家兴亡的大问题。如以周公为代表的周初统治者，总结了夏商灭亡的教训："惟不敬厥德，乃早坠厥命。"④为此，提出"以德配天"的理论。"皇天无亲，唯德是辅"⑤，官德成为社会安危治乱的决定因素。司马迁在《史记》中，通过对先秦历史变迁、政权兴衰的总结得出了"有德者昌"、"饰诈者亡"、"修身而天下服"等结论。中国传统文化中的伦理政治、贤人政治与现代民主政治是相冲突的，但始终强调政德、官德的主导作用是非常有益的。事实上，在资产阶级道德中政治道德也占据核心地位。1893年，罗伯斯庇尔在建立法国资产阶级政权之际，即首先向议会发表了《关于政治道德的各项原则》的施政演说。他认为支持和推动政府的主要动力是爱祖国和法律的美德，要用美德来管理国家政治生活。当代美国政府也十分重视官德建设，并用立法的形式加

---

① 《论语·为政》。
② 《春秋繁露·立元神》。
③ 《孙中山选集》，人民出版社1981年版，第679页。
④ 《尚书·召诰》。
⑤ 《尚书·蔡仲之命》。

强公职人员的道德责任，比如1976年公布的《公务公开法》，1978年颁布的《公务道德法》、《政府道德法》和1980年通过的《公职人员道德法》。无产阶级的政治道德是有史以来人类最崇高的道德，它代表着全人类的根本利益。"领导干部一定要讲政治"的科学命题也暗含了深刻的政治道德价值。

最后，从我国道德建设的现状来看，公务员职业道德建设也应成为道德建设的主题。

对当前我国社会道德领域出现的一些严重问题稍作分析即可看出，它们大都与公务员职业道德建设存在的问题直接相关。一方面，一些领导干部本身放松思想改造和道德自律，直接引发了严重的道德问题，如官员的生活腐化堕落；另一方面，作为道德他律的一个重要构成部分，少数官员对发生在自己身边，甚至直接隶属自己管辖范围的道德问题置若罔闻，客观上助长了道德问题的滋生与蔓延，使得当代中国道德建设在双重意义上要求将官德建设摆在首位。其一，官员自身存在的道德问题，构成社会道德建设中的难点和重点。从主流上看，我们大多数的官员是好的和比较好的，但也有个别官员以权谋私、生活腐化，堕落成腐败分子和犯罪分子。早在1978年，邓小平同志就告诫全党："领导干部，特别是高级干部以身作则非常重要。"[①]"现在，不正之风很突出，要先从领导干部纠正起。群众的眼睛都盯着他们，他们改了，下面就好办。"[②]如官员自身正了，自身的道德问题解决好了，就能理直气壮地去解决他人的问题。其二，由官员道德问题所引发的消极影响，构成社会道德建设首先需要消除的影响。尽管有道德问题的官员是少数，但少数的官员却代表了党和政府公职人员的形象，容易产生极大的社会反响，在普通社会成员中造成一种连环性假象：由少数官员的道德问题推及到整个领导干部道德问题，由领导干部道德问题推及整个社会道德问题。

---

① 《邓小平文选》第2卷，人民出版社1994年版，第124页。
② 《邓小平文选》第2卷，人民出版社1994年版，第125页。

而要消除这种假象，就必须先使官员在道德上亮丽起来，从而消除引发上述连环性假象的源头。只有把官德建设作为道德建设的主体性工程，才能从根本上实现从上至下的平等道德自律，否则，道德建设只会成为只对下、不对上或只对民、不对官的管制老百姓的手段和精神枷锁。

二、官德作为职业道德的误区

公务员职业道德究竟是属于职业道德范畴，还是角色道德范畴，这是理论探讨的重要问题。现有道德学术书籍，几乎都是把官德定位为职业道德，这不仅给官德的理论研究带来了混乱，也给公务员职业道德建设带来了某种程度上的不利。

为了论述的方便，我们必须先明确职业与角色、职业道德与角色道德的区别。职业是指人们由于社会分工从事具有专门业务和特定职责并以此作为主要生活来源的社会活动。而角色是指在社会生活中处于一定社会位置、具有一定社会规范的活动个体及行为模式。从定义可知，职业侧重于社会的自然分工并是养家糊口的基本方式，而角色侧重于人的身份和地位，"身份"是人们在识别角色时使用的称呼。身份规定了角色，角色体现了身份。职业是个人自致和社会指定的结果，往往是固定和单一的，有时是终身的，而角色则是社会关系的产物，具有变动性、同兼性等特点。因此"官"不是一种职业，而是一种社会的指定角色，是一种身份；官不是社会分工而来，而是靠选举产生（在世袭制下是世袭而来）；官不应是终身的，而应是变动的、可更换的；官不是自致的，而是由社会机关、组织指定任命的。职业道德"是从事一定职业的人们在其特定的工作或劳动中的行为规范的总和"[①]。它具有内容上的稳定性、范围上的限定性、形式上的多样性等特点。角色道德

---

① 罗国杰主编：《中国伦理学百科全书·职业伦理学卷》，吉林人民出版社1993年版，第31页。

"就是人们在社会生活中充当某种角色时所必须遵循的行为准则、价值观念及其道德实践"[①]。职业道德突出了行业性的群体特点，而角色道德则突出在社会关系中的个体性。如商业道德是职业道德，营业员道德则是角色道德；军事道德是职业道德，而军人道德则是角色道德；政治道德是职业道德，则官德是角色道德，如此等等。更进一步说，职业更多地体现社会伦理关系，而角色更多地体现道德性质。伦理与道德在通常意义上可以等义使用，但二者之间的区别也是不容忽视的。伦理和道德在使用意义上的主要区别有：伦理是客观自在的，道德是主观自为的；伦理是社会的，道德是个体的；伦理是他律的，道德是自律的。尽管官德是社会政治伦理关系的主要体现，但也决不可用前者取代后者，更不能把后者归结为前者。

把官德定位于职业道德在理论和实践上都不利于加强公务员职业道德建设。首先，会降低官德的社会地位和自身要求。从社会整体而言，无论生产劳动还是管理和生活服务，也无论政府官员还是勤杂工，都承担着一定的社会职能，而且这种职能是社会不可分割的。国家社会不仅事事要有人做，而且专事要有专人做。"专人做专事"是社会成员的"自然"分流，也就是说从事某种职业本身对社会、对个人是自然的事（在现代社会有竞争上岗的问题）。同时，从事某种职业不仅意味着有了一个社会正式承认的身份，而且意味着有了生活的主要经济来源，有了谋生的手段。所以，"干活吃饭，挣钱养家"成为大多数人从事职业的主要动机，也是职业生活的基本事实。而官员如果仅仅是为了挣钱养家，仅仅是为了谋生，那么在为官动机上就等同于一般老百姓，在从政行为中就是"保饭碗"，不求有功，但求无过。这样，就无法体现官德的主体性作用。其次，官德的职业定位会弱

---

① 魏英敏主编：《新伦理学教程》，北京大学出版社1993年版，第522页。

化角色意识。儒家强调"君君、臣臣、父父、子子",就是要求"君"应该像"君"、"臣"应该像"臣",否则就是社会伦理纲常的败坏。这实际上强调的就是一种角色意识。角色意识是形成角色权利和义务、地位与作用观念的前提。角色意识中渗透着角色的自我认可、自我评价,因而它又是角色自信心、自尊心的源泉。正确的角色意识可以使所担任的角色得以成功,反之,错误的角色意识则会使所担任的角色趋于失败。如果一个人角色意识不强,则会形成角色差距,甚至会角色失真。曾几何时,在所谓"砸三铁"的热潮中,党政官员纷纷"下海",兴办产业,从事"第二职业",为的就是把饭吃好点,拓宽职业门路来捞取钱财,结果导致官商不分、带权经商,人民赋予的权力变成了个人或部门挣钱的工具。官商一体之所以成为历代社会之大忌,就在于官的角色失真,官不像官,带权经商,造成社会资源的分配不公。一个社会如果人们不能各安其分、各尽其责,出现角色失真抑或角色反串,就是社会道德衰败的开始。从职业角度讲官员同时可以是"老板"(我国对第二职业没有明确的法律规定),但从角色来讲官员就不能同时是"老板",正像一个人不可能同时演的既是"李玉和"又是"鸠山"一样。在特定场合角色都是特定的,不能用一种角色替代其他角色。一个官员在商场里购物只能是以顾客身份,在剧场看戏只能是观众,在公共汽车上就是乘客,而不是"XX长"之类,否则就会有特权现象。

正是由于对官德的定位不准,导致了公务员职业道德建设中的一系列问题,主要有两个:

1.在特征上,官德建设的超前性与社会道德的现实性相混淆。从社会的总体性道德要求而言,官德的要求与民德的要求不可同日而语、平行而论。官德代表着社会较高层次、体现道德发展较高要求的超前性规范,例如公而忘私、无私奉献、毫不利己、专门利人等等。这些道德规范,对于一般公民而言是属于提倡性、鼓励性、理想性道德,而对于社会主义社会的官员来说则是必须坚决遵循并身体力行的道德戒律。正因为如此,"我们在新民主主义革命时期,就已经坚持用共产主义思想体系指导整个工作;用共产主义道德约束共产党员和先进分子的言行",而在改革开放和市场经济条件下,"党员尤其是党的高级负责干部,就愈要高度重视、愈要身体力行共产主义思想和共产主义道德"①,这里根本不存在超越现实问题。社会普通公民应遵守社会的广泛性、现实性道德要求,官员应遵守社会的先进性、广泛性道德要求。这种先进性与现实性的特点是十分明确的,但我们的一部分官员放松了对自己的高要求,把自己等同于一般的老百姓,并且以一般群众道德水平不高作为自己不能严守高标准道德规范的托辞,有的甚至把无私奉献、全心全意为人民服务、公而忘私等道德规范作为"左"的东西加以否定和批判,"而这种荒唐的'批判'不仅没有受到应有的抵制,居然还得到我们队伍中一些人的同情和支持"②,这就导致"吏无吏德"、"官无官责"的消极现象,直接影响到社会的道德建设。

2.在具体要求上,官德出现了模糊性。中国的政治体制改革相对于经济体制改革不但严重滞后,而且目标含糊不清。这种经济建设的明确性与政治行为的模糊性并存的现状,致使官德建设面临许多新问题,并在事实上处于一种似是而非的认识与理解状态。一是由于官德实际上被夹杂在一般道德、职业道德的规范当中被人们加以把握,这就完全忽视了政府官员与一般社会成员不同的道德要求和领导职务并非某种职业的特点;二是官德规范并没有得到明确的认定,尽管社会推出了"医德"、"商德"、"师德"、"公德"和"家庭美德"等一系列规范要求,但对官德缺乏应有的规范说法。在

---

① 《邓小平文选》第2卷,人民出版社1994年版,第367页。
② 《邓小平文选》第2卷,人民出版社1994年版,第367页。

唯经济主义的感召下，许多官员只注重了如何当好一个经济建设的带头兵，却无法清醒地明确怎样做一个"道德人"，由此使他们难于以确定的、具体的道德规范来约束自己。利益驱动，尤其是对实利的获取是一切职业行为的基本前提，就是职业道德本身也无非是树立职业形象、改善服务质量、招揽顾客、谋取利益的手段。这种职业道德层面上的官德往往也容易变为官员的装饰，促成道德虚伪（这是中国官场上的一道独特景观）。同时，现实生活中虽然我们并不缺少对公务员的道德教育，但一部分公务员依然在利益的驱动下超越了职业道德的戒律，甚至出现为了职业需要而必须违反职业道德的怪现象，如当今中国一些官员感叹："不腐败就办不成事"，就是这种印证，公务员道德建设的难度可想而知。

三、官德作为一种角色道德

对官德职业定位误区的指出，同时意味着对官德进行角色定位的强调，以及由此而引申的现代意义。作为一种社会角色，"官"从来不是一种单一存在，而是一个角色丛。这就意味着"官"在现代社会中不可能是一个单一的道德主体，而是一种多元主体，官德的形成及其社会效应也不可能由单纯的道德手段所致，而是需要社会各个方面的共同努力，尤其是出现角色冲突的时候。把官看作道德主体，是对官德地位的确认；把官同时又看作是多元化主体，或者看到官由单一的道德主体向多元主体的变化，则是对官德本质的确认。

中国自古就有把官作为纯粹道德主体的传统。古代神话传说中的氏族首领是道德的化身，是正义的象征，是为民除害兴利的英雄，如盘古开天辟地，女娲炼石补天，燧人氏钻木取火，神农尝百草发明草药等等。传说中的尧、舜、禹都是德高望重的杰出人物。宋代司马光在其名著《资治通鉴》中将人分为四种："圣人"、"愚人"、"君子"、"小人"。德才兼备是"圣人"，德才兼立是"愚人",德胜于才是"君子",才胜于德是"小人"。他认为只有"圣人"和"君子"可以成为国家的管理者。就是在新民主主义革命和社会主义革命时期,也是把干部的主观能动性的发挥和道德信念的高扬,作为革命事业成功的重要保证。所以,中国老百姓对官的角色期待主要是道德期待,希望有一个清政廉明的政府来拯救自己。道德无论以何种形态出现,总是属于主观性的东西,道德背后的客观基础是利益,是实实在在的利益关系。但是,半个多世纪以来,我们一直在夸大主观能动性的作用,强调"人是要有一点精神的",而又把这种精神看成是通过学习、教育、思想斗争可以获得的,在任何情况之下都能保持和发扬。我们可以用拔高、曲解、造假的方法"塑造"出许多不食人间烟火的"英雄",但那种"纯粹的人"的道德追求最后只能是道德"乌托邦"。不论历史活动有多么沉重的惯性,它都不会只停留在这一形式上。新中国成立后,剥削阶级被消灭了,非此即彼的利益对抗没有了,整体利益绝对至上的关系开始淡化,于是乎公私关系变得复杂起来。作为道德基础的利益关系的变化,就使诸如"无条件地牺牲"等道德标准开始失去它原有的明确和效力,内在的道德调节机制遇到了困境,新中国的官员们有可能出现"无组织行为"。其实,在三大战役硝烟未尽时,毛泽东就预见:"因为胜利,党内的骄傲情绪,贪图享乐不愿再过艰苦生活的情绪,可能生长。"[①]三十年后,邓小平又焦虑地指出,干部中脱离群众、思想僵化、滥用权力、办事拖拉、互相推诿、压制民主、徇私行贿、贪赃枉法等现象已达到令人无法容忍的地步。担忧变成了现实,现实越来越令人担忧。

问题的严重性也许并不在于官德的这种"蜕化",而是在于对这种现象的解释及其相应措施。过去,我们总是把官德蜕化归结为"资产阶级思想的

---

① 《毛泽东选集》,人民出版社1968年版,第1328页。

腐蚀"、"封建残余的影响"。于是,"思想改造"成了提高官德水平的唯一途径,"灵魂深处闹革命"、"狠斗私心一闪念",具体就是无休止的思想汇报、反省检查、斗私批修、上纲上线。这实际上就是用一种"阶级性善论"来论证党员干部是单一纯正的道德主体。毫无疑问,党和政府作为一种政治组织和政权机构,代表着国家和人民的利益,党和政府的政治行为应当体现人民利益的第一原则,但不能把这一性质简单套用到官员身上。因为党员干部就其完全的社会存在而言,他是历史活动中的个人,是具有多重社会角色的主体。一个政府官员在执行公务时是国家公务员,代表和维护国家利益是他的职责;官员作为某一单位的领导可能是代表群体利益;官员作为丈夫、父亲,则要维护和增进家庭利益;此外,他还可能是顾客、观众、患者等其他社会角色。总之,官员已不可能是纯而又纯的职业革命家了,他处于多种权利与义务的关系之中,充当着多种社会角色。这就使他们在执行公务时会面临双重相互矛盾的选择,职责要求他们维护社会整体利益,但个人私利也可能诱使他们以权谋私。这就迫使我们对官员的行为约束不能仅依赖于道德自觉,而必须对"官"这种社会角色进行道德上的制度安排。马克思在总结巴黎公社的经验时指出:"从前有一种错觉,以为行政和政治管理是神秘的事情,是高不可攀的职务……现在这种错觉已经消除。彻底清除了国家等级制,以随时可以罢免的勤务员来代替骑在人民头上作威作福的老爷们,以真正的负责制来代替虚伪的负责制,因为这些勤务员经常是在公众监督之下进行工作的。"① 这就说明,使"勤务员"们"真正负责"的保证是"公众监督",而不是道德本身。这同中国传统文化中强调的"修身、齐家、治国、平天下"有根本上的不同。任何社会角色首先是一种利益角色,总是体

---

① 《马克思恩格斯选集》第3卷,人民出版社1995年版,第96页。

现着一定的权利与义务的关系，而道德又是以利益为基础的，所以角色道德更多地体现了一种以客观利益为基础的社会伦理关系，而不仅仅是某种主观的善良愿望。

作为一种角色道德，官德包含如下要义：

1.角色责任。这是角色道德的基本规定。每一社会角色同时就是对社会责任的某种分担，或者说，社会责任的分解是通过角色的分工去实现的。官员的角色责任就是为人民服务，医生的角色责任就是救死扶伤，教师的角色责任就是教书育人；服从是军人的天职，孝顺是子女的义务，义道是朋友的准则，温柔是女人的本性。凡此种种，都表明了角色与责任的同构。

2.角色技能。角色技能是担任角色的能力。一个人在何种程度上可以真正履行角色责任，不仅取决于他是否具有责任感，而且主要取决于他的能力。过去，我们之所以陷入"德"与"才"、"红"与"专"的无端争论之中，在于首先就把才与德对立起来。其实，"才"本身就是"德"，"德"也是"才"。在现代社会，一个不学无术、无知无识的人能德高望重，实在令人生疑。官员的才识与能力是官德的应有之义。一个没有能力履行角色责任的人，本身就是角色失真，谈何角色道德？一个人根本不会游泳，但我们千方百计鼓励他去救落水者，只要有这点精神，就是一个高尚的人，这不是明摆着鼓励人去"寻死"吗？世界上真有无才之德吗？

3.角色调解。角色调解就是指两个角色或多个角色因同角色的要求而发生冲突时，按照"两利相比取其大"的原则予以调节，实现角色的准确定位。当"忠""孝"不能两全时，必取其"忠"，因为"忠"是臣的最大责任。一个官员无论兼任多少种角色，当发生角色冲突时，始终必须以"官"这个角色为主，而不能反主为次，因为"官"代表的是国家和人民的利益，是高于一切的利益，维护人民的利益，是"官"的基本要求。

《公务员职业道德培训丛书》是按照官德的主要规范来组织的，尽管对官德规范的概括是多种多样的，但我们认为，"民本"、"公忠"、"勤政"、"廉洁"是基本的，每本书基本上都是按照特定的概念厘定、伦理价值、基本要求、建设路径的思路来形成框架。希望丛书的出版，不但能给官德研究提供新的理论元素，更能为公务员职业道德建设的具体实践提供参考。

是为序。

李建华

2013年1月

第一章

官德之本：公忠的伦理范畴

公务员作为国家的公职人员，是党和政府形象的代表，是社会思想潮流的引导者与推动者。公务员的道德水平高低，是能否构建一种忠诚、为民、公正、廉洁的公务员文化，能否建设一支全心全意为人民服务的高水平高素质的公务员队伍，能否保持党和人民群众的血肉联系的关键所在。

忠文化在官德建设中向来居重要地位。"为国之本"、"以公灭私"、"天下为公"、"公而忘私"的公忠精神，决定了公忠乃官德之本。在当今，公务员应该对谁忠诚？是简单忠诚于领导个人，还是忠诚于组织、公众？我国由于经历过漫长的封建社会，忠文化一直偏向于私忠，即简单忠诚于某一个人或者某个集团。私忠的盛行，极易造成盲目个人崇拜。十年"文化大革命"留给中国的一个巨大教训就是盲目个人崇拜，祸国殃民。

我国当前正处于社会的特殊转型时期，社会矛盾多，社会管理任务重，这对公务员提出了更高的要求。就忠的官德建设而言，应当尽快完成从私忠到公忠的转型。

一、何谓公忠：公忠与私忠辨析

在中国古代思想史上，忠是一个非常重要的伦理道德范畴。一般而言，忠和孝是密切关联的，并被视为个人安身立命的最高行为准则。何为忠？在中国封建社会政治文化生活中，忠被看做"为国之本"、"义理之归"，是当时社会的最高行为准则。它要求人们忠于人、忠于事、忠于理，倡导"以公灭私"、"天下为公"、"公而忘私"的公忠精神，当然也包括"忠惟事君，事君必忠"的私忠要求。

忠的表现尽管不一，但其内在的伦理品质至少包含两个方面：一是大公无私。《忠经》将忠释义为"中也，至公无私"，《左传》有"公家之利，知无不为，忠也"①。二是坚守正道。忠作为一般品质，要在终极伦理品质和终极行为规范的指导下运作："忠者中此者也。"②忠的对象必须是正义的人类事业，忠的行为必须符合正义与仁爱原则。

在现代社会，忠的伦理要义已经演化为形式要义与实质要义两个方面。忠的形式要义即忠于国家、社会和公众，而非个人或某一利益集团；忠的实质要义即坚守正道，确保公正与仁义。

由于忠的对象和实质的差异，在忠的伦理实践中自然而然产生了公忠与私忠之分。公忠即忠于国家、人民和正义事业；私忠则是简单忠于个人或某一利益集团。毫无疑问，忠的伦理品质如果是面对不义的个人或集团，很快

---

① 《左传·僖公九年》。
② 《大戴礼记·曾子大孝》。

就会引起各种内在的矛盾，从而使忠变奸。

私忠在我国的影响广泛而深远。我国古代封建社会倡导的"忠君爱国"，即是典型的名为公忠、实为私忠。所谓"忠君爱国"，其实是混淆了公忠与私忠的基本界限，行公忠之名，为私忠之实。忠君是否等于爱国，取决于君是否一直代表国和君是否一直从善治国，否则，这一假设并不成立。我国封建社会历史上，私忠是那些地位低卑的人投靠权势人物或权力集团的法宝，而奉行公忠的人却很难从其忠诚的对象那里获得直接的现实利益和保护，奉行公忠的人必须有奉献精神和牺牲精神。所以，私忠盛行有其特定的社会基础。

公忠与传统的忠君有着根本不同，其本意为利民、利公、利国，是处理个人与国家关系的原则，例如"忠于祖国"、"忠于社会"、"忠于人民"、"忠于组织"便是个人与国家、个人与集体之间的伦理规范。后来儒家将忠诚引申、扩大到社会伦理的范畴，用以处理人与人之间的关系，如：对朋友忠诚、对爱情忠诚等。可以说，忠诚是任何团体、任何组织得以保持和发展的重要因素。正确的价值观所引导的忠诚，会使行政组织更有凝聚力，它既是行政人员实现自我发展的前提，又是行政组织有效运作的必备条件，还是人民群众利益最大化的有力保障。而错误的忠诚观，会使行政人员和行政组织偏离正确的目标，与人民大众的愿望背道而驰。

现代公忠是指行政人员忠于人民、组织、国家的普适性伦理品质。公忠强调的是对组织、事业和国家的忠诚，它要求行政主体用一种真诚、理性的情感去执行行政事务和对待人民群众。公忠体现出公务员高尚的行政美德与执著的行政精神相统一的道德心理。公忠是一种升华的忠诚价值；是一种内化的忠诚类型；是一种丰富的忠诚情感。

（一）公忠的伦理思想内涵

第一，忠诚于祖国和人民——公忠的伦理根据。

公务员的行政权力来源于国家和人民，就要求公务员忠诚于祖国，忠诚于人民。这是公忠之德的伦理根据，它与传统的忠于君主个人的忠诚观有着鲜明的区别。

忠于祖国，要求公务员有为建设祖国、保卫祖国甘于奉献的精神。"将死不忘卫社稷"（《左传·襄公十四年》）①、"临患不忘国"（《左传·昭公元年》）①，都体现了先人们为国家利益不惜牺牲生命的高尚品质。在建设社会主义现代化事业的进程中，作为掌握并行使国家权力的公务员要有为祖国建设甘于奉献的精神，要有为人民利益甘于服务的精神。"报国之道有四：一曰贡贤；二曰献猷；三曰立功；四曰兴利。贤者国之干，猷者国之规，功者国之将，利者国之用。"（《忠经·报国章》）②唯有全体中国人同心同德、群策群力，与祖国同呼吸、共命运，辛勤劳动、刻意进取，才能把忠于祖国之精神转化为祖国繁荣昌盛之现实。

忠于人民，要求公务员要关心人民，爱护人民，向人民负责，为广大人民群众谋福利，敢于同危害人民利益的坏人坏事作坚决斗争。关于爱民，古人有言曰："利而勿害，成而勿败，生而勿杀，与而勿夺，乐而勿苦，喜而勿怒。""民不失务则利之，农不失时则成之，省刑罚则生之，薄赋敛则与之，俭宫室台榭则乐之，吏清不苛扰则喜之。"（《六韬·文韬》）③在社会主义民主制度下，爱民不仅体现在要让人民安居乐业，更体现在全心全意为

---

① 《十三经注疏·左传》，中华书局1979年版。
② 《忠经》，上海古籍出版社1988年版。
③ 《武经七书·六韬》，解放军出版社1986年版。

人民服务，时时刻刻把人民的利益放在第一位，把自己的利益融化在人民大众的利益之中。当个人利益与人民利益发生矛盾时，要牺牲个人利益，保护人民利益，并切实从各方面保障人民的民主权利，搞好经济、文化建设，努力提高人民群众的物质文化生活水平。对于一切有悖于、有损于人民利益的思想、言论和行为，一切危害人民利益的坏人坏事，都应坚决抵制。

历史上拥有赫赫战功的将军不在少数，而尤以南宋名将岳飞最受世人称道，就是因为他有着常人难及的忠义无私。建炎四年六月，张俊和岳飞奉命征讨戚方。戚方原来跟岳飞同在杜充手下共事。有一回，岳飞与金兵交战，戚方居然在背后放暗箭。这次戚方见张俊、岳飞两路大军前后夹击他，自知不是对手，便投降了张俊，并让张俊给他在岳飞面前讲情，留他一命。岳飞放下个人恩怨，饶了戚方，让他杀敌立功。岳飞一生大公无私，从不因私误公。一次战斗中他弟弟岳翻被杨再兴刺死，岳飞非常悲痛。岳家军一拥而上捉住杨再兴，交给岳飞处置。岳飞见杨再兴气度不凡，有勇有谋，便亲自松绑，不计杀弟之仇，饶他不死，让他为国出力。杨再兴深受感动，从此跟定岳飞南征北战，立下赫赫战功，沉重地打击了入侵的金兵。正是岳飞的这种为了国家和人民的利益不计个人恩怨的精神，让他获得了将士们和老百姓的爱戴，流芳百世。①

第二，忠诚于行政职责——公忠的伦理理性。

在传统官德文化下，行政人员与具体的岗位是联系在一起的，岗位的任务也就是他的任务，岗位的功能也就是他的功能，他个人不需要有什么信念，不需要有独立的价值判断。因为他只是官僚体系中的一颗棋子而已，其岗位的责任也只是一种最低限度的责任。

---

① 《岳飞的故事》，北方妇女儿童出版社2010年版。

充分认识到公忠之德是一种角色道德，这是一种基本的伦理理性反映。公务员不仅应该做好自己职责范围内的工作，同时，还应该有一种角色道德意识，树立行政价值意识。具体而言，在是与非面前保持正确的价值判断，以维护公共利益为行政行为的动机，树立为人民服务的价值目标，竭尽全力去实现公共利益的最大化。一个政府工作人员，如果没有建立起维护公共利益的信念，他也就不会承担起维护公共利益的责任。无论制度的设计多么完善，他在维护公共利益方面也不会表现出热情，甚至有可能在产生了个人利益要求的时候，就会破坏公共利益。公忠的核心是忠诚于行政职责。"居之无倦，行之以忠。"（《论语·颜渊》）[1]只要身在职位就绝不懈怠，用忠诚的态度去履行自己应尽的职责。只有每个公务员都忠实地履行了职责，整个公务员系统才能有条不紊地运行，才能实现公务员本身的使命。

"政之所兴，在顺民心；政之所废，在逆民心。对各级领导干部来说，执政为民始终是马克思主义政党的最大政德。对百姓而言，衡量党性的纯洁度、评价领导干部的好与坏，尺子永远只有一把，就是百姓的生活能否切实改善，人民的幸福指数能否稳定提升。当前，领导干部的政德问题，主要表现在对待是与非、公与私、真与假、实与虚的态度和行动上。说到底，干部之德在为民，是与非的分界线，是群众利益是否放在心上了；公与私的分水岭，是百姓立场能否站稳了；真与假的试金石，是群众观念是否树立了；实与虚的检验剂，是老百姓是否得到实惠了。"[2]忠诚于行政职责之所以可贵，就在于它是公正、廉洁、奉公、勤政乃至牺牲等行政道德的价值基础和衡量尺度。按章办事，该办的事哪怕是个人的冤家对头，都要及时办；不能办的事，哪怕是顶头上司、至爱亲朋，也要抵制；该讲的好话要讲，不该讲的坚

---

[1] 《十三经注疏·论语》，中华书局1979年版。
[2] 摘引自人民日报2012年2月17日01版《干部之德在为民》。

决不讲。乐当"好人",假公济私,不应签的字签了,不能盖的公章盖了,不能报销的报了,不该说的好话说了;凡此种种,都是对职责不忠诚的表现,也是不讲行政道德的表现。

在现实行政活动中,行政责任缺失主要有两种情况。一是被动应付。把上级文件和领导指示当做"耳旁风",习惯于以文件"落实"文件,以会议"落实"会议,口号震天响,标语满街贴,就是鲜见实际行动。二是马虎从事。对上级精神、法律法规学习不够,理解不透,草率落实,麻痹大意,以致在执行中出现偏差,发生问题。不管哪种情况,都是工作的失职,都是对人民不负责任的行为,甚至是对人民的犯罪。

第三,忠诚于行政真实——公忠的伦理价值取向。

当今社会我国公务员系统的一大弊病就是领导干部追求形象工程、面子工程,为了创造表面繁荣的虚假政绩,做一些假大空的项目工程,而不是实实在在地为老百姓解决具体困难。公忠之德就是要求公务员对待老百姓的事情要尽心尽力,而不是只做表面功夫。实与虚不只检验作风,更照鉴人品,考量党性。只有思想实、干事实、为人实,才能得到群众的真心拥护;如果热衷于搞形式主义、做表面文章,待人做事不实在、耍滑头,就干不好事业、得不到拥护。群众最反感这样的领导干部:在工作中搞短期行为,宁可"做势"不愿"做事";在事业上不下功夫,搞小团体利益不遗余力,做形象工程劳民伤财;在人际交往中庸俗成风,吹吹拍拍拉关系,拉拉扯扯搞圈子,不讲原则讲意气。对于这些不良作风,人民群众不仅反感,而且厌恶。

"泡沫"的特点就是好看,甚至还顶着五颜六色的光环,乍一看能力了得、硕果累累,很能唬人。一些地方和干部喜欢制造"泡沫",目的就是为自己捞取升迁的"资本"。有的"泡沫"破裂后留下巨大后遗症,造"泡沫"的人也很难受到追究。如果总是虚功常奏效,实绩难建功,难免在社会上推助"投机钻营者得利"的恶劣风气。我们常说"为官一任,造福一方",对执政党的领导干部而言,还应"为政一时,教化一方"。党风正则民风淳,政德影响公德。领导干部以为政之德表率乡里,忠诚践行宗旨信念,社会风气能不淳厚?德有高标,官有榜样,民必勤劳正直善良,党的事业才会有保障。古今中外,概莫能外。①

第四,忠诚于法律和制度——公忠的伦理保障。

忠诚于人民、组织和上级,是一种软忠诚,忠诚于法律和制度则是一种硬忠诚,也是公忠之德的刚性保障。公忠之德不是地方保护主义、本位主义、小团体主义的小忠诚,而是忠诚于制度和法律的大忠诚。卢梭在《社会契约论》中写道:"我们无须再问应该由谁来制定法律,因为法律乃是公意的行为;我们既无须问君主是否超越法律之上,因为君主也是国家的成员;也无须问法律是否会公正,因为没有人会对自己本人不公正;更无须问何以人们既是自由的而又要服从法律,因为法律只不过是我们自己意志的记录。"②尊重法律意味着尊重公众的意志,而不是长官的个人意志,这便是行公忠之德的准则之一。公共权力来自普通的公民权利,是公共利益的普遍体现。负责任的公共行政人员的重要职责就是维护真正意义上的公共利益。在价值多元化的行政环境中,现代民主社会对个人权利与义务已经达成普遍的共识,当个体行政人员试图履行某一职责时,应该考虑"基于人权,基于法律规则的基本原则"。

事实上,对行政人员而言,最重要的是要建立内心的法,这种法具有积极主动的特质,它是对强制性的法律的超越,是指导行政人员行为的"道德金律"。我国古代唯心主义哲学家认为良知是人类不学而知的、不学而能

---

① 摘引自人民日报2012年2月16日01版《实与虚考验人品党性》。
② 卢梭:《社会契约论》,何兆武译,商务印书馆1997年版,第51页。

的、先天具有的判断是非善恶的本能。王阳明认为,"尔那一点良知,是尔自家底准则。尔意念着处,他是便知是,非便知非,更瞒他一些不得。尔只不要欺他,实实落落依着他做去,善便存,恶便去。"①他这里何等稳当快乐。接着他又进一步解释说:"知是心之本体。心自然会知。见父自然知孝,见兄自然知悌,见孺子入井自然知恻隐。"②由此可见,行政良知是行政人员的本体,它不是由外界所强加的,而是行政活动内生的、最本质的内容。良知为人格之本体,"我"之主宰、"魂"之守护神,一切意识和德性皆出于此。行政忠诚也是一种内生于心和自律的行为。因为行政权力来源于人民的授权,所以,忠诚于人民、忠诚于社会、忠诚于国家责无旁贷。

(二)公忠与私忠的区别

如前所述,公忠与私忠的根本区别在于忠的对象和实质的不同。而在现实生活中,两者的区别主要体现在三个方面。

第一,公忠是忠诚于广大的人民群众,而私忠则是忠诚于某一个人。在私忠的理念下,忠诚往往被扭曲,政治忠诚被蜕变为权力忠诚,甚至出现忠诚于权威、忠诚于个人等表面上是政治忠诚实则反政治忠诚的现象。《荀子·臣道》中的"以德覆君而化之,大忠也;以德调君而辅之,次忠也;以是谏非君而怒之,是谓下忠也。"③这种忠诚完全是笼罩在君主的强力之下的无条件服从。从政治伦理的角度来说,行政个体对人民的忠诚才应该是无条件的绝对命令,而这也是公忠之德的主要内涵。行政权力来源于公民权利

---

① 王阳明:《传习录》,江苏古籍出版社2001年版,第237页。
② 王阳明:《传习录》,江苏古籍出版社2001年版,第278页。
③ 转引自李建华、李好《中西方行政忠诚的思想渊源及其比较分析》,《船山学刊》2004年第4期。

的公共让渡，作为公共权力行使者的行政个体与作为权利主体的人民之间根本上只能是一种"代理服务"也就是一种信任委托的政治关系，即后者基于对国家和政府的政治信任而将自己的部分权利（甚至是基本权利）委托给前者，而前者则是基于人民的民主选举和政府的权力分派而代理人民管理公共政治事务，并以此给人民提供公共政府服务。

正如公民权利优先于政治权力一样，人民的利益高于一切，当然也高于任何一位行政个体的政治权力。因此，行政主体必须无条件地服从人民的意愿和要求，以合法、正当、高效地实现人民的利益作为自己行政（权力）行为的绝对命令。这也是我们党始终坚持把"全心全意为人民服务"当做最高宗旨的根本原因，是我国政府目前正努力推进服务型政府建设，把"以人为本"作为科学发展观之基本行政要求的根本原因所在。毫无疑问，在国家政治和政府行政的层面上，"以人为本"的本质内涵就是"以人民为执政之基"、"以'为人民服务'为行政之本"。

第二，公忠是忠诚于整个国家和社会，而私忠则是忠诚于某一组织或者集团。在公共行政内部，由于依然保留着传统的"官本位"特色，家长制作风在一些地方和部门盛行不衰，权力结构依然是一种金字塔形状，权力的作用向度依然是自上而下的，在某种意义上具有阶层压迫的性质。权力等级结构在客观上所具有的否定人的独立个性的趋向，必然会使行政人员产生对上级或组织的依附心理，丧失独立意识。从而导致行政个体完全沦为某个行政组织的工作机器，而忘了自己首先是人民的代言人。公忠之德就是要求我们的公务员要摆脱小集团的束缚，胸怀祖国和社会这个大集团，在行使行政职权的过程中从一个更高更远的角度出发。公忠之德致力于培养忠诚于国家和社会的行政主体，保证每个具体的官僚组织和集团的根本利益同社会公共利益是一致的，促进社会利益的实现和有效维护。

无产阶级革命家方志敏就是忠于社会、忠于人民的典范。他从1924年入党到1935年就义，十几年中，历任党的省委书记、军区司令员、党中央委员等要职，真可谓"上马管军，下马管民"，权力大矣！然而，他一生清贫。方志敏在怀玉山陇首村敌封锁线不幸被捕时，两个"国方士兵"从"上身摸到下身，从袄领捏到袜底，除了一只时表和一支自来水笔之外，一个铜板都没有搜出"。《清贫》中写道："矜持不苟，舍己为公，却是每个共产党员的美德。"他在《死！！——共产主义殉道者的记述》中陈言："为着阶级和民族的解放，为着党的事业的成功，我毫不稀罕那些华丽的大厦，却宁愿居住在卑陋潮湿的茅棚；不稀罕美味的西餐大菜，宁愿吞嚼刺口的苞粟和菜根；不稀罕舒服柔软的钢丝床，宁愿睡在猪栏狗窠似的住所！不稀罕闲逸，宁愿一天做十六点钟工的劳苦！不稀罕富裕，宁愿困穷！我能舍弃一切，但是不能舍弃党，舍弃阶级，舍弃革命事业。"[①]

第三，公忠是一种制度上的忠诚，是忠诚于现有的社会制度和法律，而私忠仅忠诚于简单的领导命令和指示。我国《公务员法》第12条规定了公务员忠于宪法是其首要义务。忠于宪法不仅仅是忠于宪法的条文，更应该是宪法所体现的最高价值。其次是忠于法律、忠于职守，具体而言就是要忠于法定的职责权限和法定的职权行使程序，承担法定的义务。第三是忠诚于上级，规定公务员要服从上级依法作出的决定和命令，但不是盲目服从。该法第54条又规定，如果公务员认为上级的决定或命令是错误的，可以向上级提出改正或撤销，上级拒绝改正而被迫执行的，后果由上级承担。此条文的深层意义是作为下级公务员应当服从上级依法作出的决定和命令，其实还是表现为对法律的忠诚，这是一种制度上的忠诚，与个人崇拜有着本质的区别。忠诚是对制度的忠诚，对

---

① 王文升主编，《中国廉政故事》，中国方正出版社2007年版，第167—169页。

于违反制度规定的行为，公务员可以拒绝执行，因为，拒绝执行也体现了对制度的忠诚。服从是忠诚的外在表现，但服从不等于忠诚。

（三）公忠是官德之本

第一，公忠是官德的根本思想基础。公忠理念解决了公务员道德的一个基础问题。在公务员系统中，公务员个体对组织承担着两个方面的责任：服从并执行上级命令的责任和维护公共利益的责任。这就要求公务员个体既要忠诚于上级，同时也要忠诚于权力的来源——广大人民群众。这就导致了一个问题：当上级的命令和人民群众的利益相悖时，尤其是面对官僚组织内部严重的权力寻租和腐败行为，作为个体的公务员应当作何选择？这个问题不解决，公务员的道德就无从谈起。而公忠理念恰恰为这个问题提供了一个明确的答案：在面对这种矛盾和冲突时，要无条件地选择忠诚于人民，忠诚于社会。同时，公忠理念包含的一系列意识、原则和规范，也为公务员个体践行这一理念创造了现实的环境，并提供了具体的标准。

公忠理念让每个公务员个体明确了行政忠诚的根本对象应该是人民和社会。不明确行政忠诚的根本对象，权力就会滋生腐败。公务员个体都是某一组织的个体，而官僚组织的利益与公共利益并非完全重合，在很多时候甚至出现矛盾和对立的情况，所以作为个体的公务员势必受到来自组织中的各种现实的压力和负面的影响。在这种情况下，行政忠诚很容易异化成忠诚于上司和圈里人，忠诚于权力交换、利益均沾，忠诚于晋升需要的行政政绩。而公忠的官德理念就是要打破这种来自组织的束缚，让公务员认识到自己首先是人民的受托人，是人民的公仆。

第二，公忠是官德的核心价值基础。公忠理念为公务员个体确立了一个正确的价值观念。在现实的政治实践中，很多公务员个体在面对组织违背公共利益的行为时往往屈从于来自组织的压力，有意或者无意地回避了维护公共利益的义务，同时将维护公共利益的希望寄托于组织中的其他人。而当组织中的每个人都这样想的时候，我们的官德文化中就很难出现正义的思想。之所以会出现这种情况，从根本上来说，就是公务员个体缺乏一个明确的价值观念。他们没有充分意识到作为一个公务员其最根本的责任是维护公共利益，而不是维护某一个小组织的利益。官僚组织的利益应当从属于公共利益。因此，我们应当致力于构建一种以公忠观念为核心的官德文化，让每一个公务员清晰地认识到，他们最首要的义务是维护广大人民群众的利益，维护社会的公共利益。只有在这种正确价值观念的引导下，才能保证公务员在具体的行政行为中能够作出正确的价值选择，才能让每个公务员受到内心道德理念的约束，减少不合法、不合理的行政行为，才能让那种小集团腐败的现象没有存在的基础。从而让我们的公务员道德建设朝着一个正确的方向发展。

第三，公忠是官德的基本技术规范。公务员是公法的执行者，公务员的忠诚义务就是要求公务员在执行公职以及与公职相关的行为中，要忠于职守、尽心履职。公务员是具有公共精神的一个职业团体，其忠诚义务是国家和公务员之间的心理契约，它要求公务员在履行职责时做到忠于职守、勤勉尽责、遵守纪律、恪守职业道德、模范遵守社会公德、清正廉洁、公道正派。公务员的忠诚义务，在消除国家与公务员之间的信息沟壑、提高行政效率和行政满意度、稳定行政秩序、提升行政文化等方面有积极意义。公务员的忠诚义务表现为一种行政忠诚，行政忠诚既是行政道德，也是一种行政关系、行政能力和行政力量。《中华人民共和国宪法》规定："中华人民共和国是工人阶级领导的、以工农联盟为基础的人民民主专政的社会主义国家。""中华人民共和国的一切权力属于人民。"这就决定了中华人民共和国政府的行政忠诚，既不是传统社会"家国同构"的血缘性忠诚,也不是等级制度下人身臣服关系的依附性忠诚,亦不是经济活动中平等交换的契约性忠诚,而是一种依法对国家事务、社会公共事务和机关内部事务进行一系列直接、具体的组织和管理活动的服务性忠诚。忠诚于行政规律、行政职责、行政效率、法律和良知,是以"为人民服务"为宗旨的公忠思想的基本价值向度。

二、公忠意识:行政伦理观的核心理念

"行政伦理是行政人员在行政过程中对行政活动正确性及正当性的判断过程及判断理由,它既包括行政人员个体在行政管理实践中的道德观念、道德活动与道德规范,也包括行政主体作为群体及组织结构在行政活动中所应遵循的价值规范。"[①]行政伦理渗透、融合在治理国家与公共行政的方方面面,体现在行政体制、行政领导、行政决策、行政执行、行政协调、行政监督、行政效率之中,体现了行政管理在公共利益、公共权力、公共服务和公共责任等方面的质的规定性。因此,行政伦理对于行政管理的公正、廉洁、高效起着至关重要的作用。在行政伦理的形成中,行政主体所依赖的行政观念及其由此形成的行政伦理观,直接决定行政伦理的内涵。在科学行政伦理观的形成和培植过程中,公忠意识既是理念基础,更是伦理规范指引。

(一)公忠意识与行政伦理

第一,公忠意识是构建行政伦理的基础。公忠意识与行政伦理有着千

---

① 王伟:《公仆意识概论》,国家行政学院出版社2011年版,第5页。

丝万缕的联系，公忠意识为行政伦理的建设提供了丰富的养料。在一个组织中经常会有这样的现象：一些行政人员在面对不道德的上级和组织时会选择沉默；而有一些行政人员则会基于伦理精神的要求违背对上级的忠诚而捍卫公共利益。这反映了行政人员道德品质的差异性。实际上行政人员并不是简单的工作人员，他们必须是一个拥有共同信仰的社会群体，这个共同的信仰就是对公共利益的尊重。那些面对有悖于社会伦理精神的上级命令而保持沉默的行政人员，并没有培养起公共利益至上的公忠意识，从而使伦理自主性很难通过他们的道德品质发挥作用。因此，培养行政人员的公忠意识对于保持伦理自主性至关重要。要建立一个现代化的行政组织，必须使行政人员保持对国家和组织的忠诚。因为只有保持这种忠诚，才能使人们自觉服从国家和组织的权威，不产生离心倾向，团结一致地共同建设国家。中国现在正处于迈向现代化国家的过程中，面临着许多阻碍和困难，需要获得行政人员的极大忠诚才能凝聚组织成员的力量去克服这些障碍和困难。公忠意识能够激励行政人员保持对国家的忠诚，唤起行政人员的民族意识去追念历史文化传统，去回顾昔日的伟大和光荣，去确定他们对自己所处时代的人民所应承担的责任。公忠意识所包含的道德规范能够帮助行政人员提高自己的道德修养和执政能力。

第二，公忠意识能够增强行政人员的爱国情感。公忠意识是爱国主义精神的坚实基础，公忠观念是中华民族的民族魂。中国这个具有五千年历史的文明古国，之所以始终没有因内忧而解体，之所以没有因外患而屈服，之所以历经数千年之久而傲然屹立于世界民族之林，一个非常重要的原因，就在于中华民族有着公忠的道德传统。公忠，就是提倡自觉地为国家利益和民族利益而献身的精神。这一精神具有超阶级、超时代的历史光辉，并经过长期不断深化、积淀，孕育着中华民族特有的为国家、为民族的爱国主义思想。

张岱年先生在《试论新时期的道德规范建设》一文中对"忠"进行分析时，特别强调了公忠具有爱国主义的时代意义。他说："在社会主义时代，爱国主义应是道德的第一原则，这一行为规范仍可用'忠'来表示。为了区别于忠于个人的忠，可以称为公忠。"

"近古时代，人们称赞为国尽忠之士为'公忠体国'，公忠是一项非常重要的道德规范。"伟大的革命先行者孙中山曾把中国传统道德概括为八个字，并把忠德放在首位。他说："讲到中国固有的道德，中国人至今不能忘记的，首是忠孝，次是仁爱，其次是信义，其次是和平。"（《三民主义》）又说："我们在民国之内，照道理上说，还是要尽忠，不忠于君，要忠于国，要忠于民，要为四万万人去效忠。为四万万人效忠，比较为一人效忠，自然是高得多。"①即忠不是忠于国君，而是忠于国家，忠于民族；不是效忠一人，而是效忠人民。他还认为，推翻皇帝，不要封建等级制，但我们还有国家，总要爱国，要为人民谋幸福的。因此，"忠字的好道德，还是要保存"。正是在这种公忠道德风范的长期影响和熏陶下，多少英雄豪杰坚贞不屈、前仆后继；多少志士仁人头枕青山、血洒疆场。它像一条红线，贯穿我国历史。古代的苏武、岳飞、文天祥、戚继光等，近代的林则徐、孙中山、邹容、陈天华等，真是英雄辈出、史不绝书。更有中国共产党人，向我们展示了一幅气势磅礴的爱国主义画卷，这些都是中华民族公忠观念的千古绝唱。

（二）公忠意识能够提升行政人员的道德品质

第一，公忠意识是增强社会责任感的道德力量。公忠观念既是中国的优

---

① 《孙中山选集》，人民出版社1981年版，第650页。

良传统道德规范，又是个人与社会之间相互关系的基础性道德规范。因为在现代社会里，我们每个人对社会所担负的责任各不相同。现代社会十分强调个人对社会的责任感，提倡服务社会，造福社会。然而，从现实情况看，随着社会主义市场经济的发展，一些人迷恋于追求个人享受，斤斤计较于个人利益，对于自己应尽的社会责任往往消极、敷衍，不能尽心尽力、严肃认真地把自己应做的事做好。为此，我们应当继承和弘扬公忠这一优良传统道德规范。孙中山先生说得好，"我们现在说忠于国君固然是不可以，说忠于民是可不可呢？忠于事又是可不可呢？我们做一件事，总要始终不渝，做到成功，如果不成功，就是把性命去牺牲，亦所不惜，这便是忠。"（《三民主义》）[①]实践证明，公忠对于我们今天培养人们为社会尽责、为国家尽忠的献身精神具有不可忽视的重要作用。在社会主义现代化建设中，我国各条战线涌现出一批批先进人物，如徐虎、李素丽等。这些人之所以受到人民的爱戴和国家的表彰，是因为他们为社会尽职尽责、克己奉公的精神感人肺腑，动人心弦。例如，徐虎把"辛苦我一人，方便千万家"作为自己的价值追求；李素丽用"实实在在去为社会作奉献"来抒写自己的职业情操。他们的志愿虽各有不同，但都体现了社会责任感的道德意识，体现了公忠这一优良的传统道德规范。这就告诉我们，公忠观念有助于增强社会责任感。假若我们每一个人都能自觉、积极、严格地去履行自己对社会的责任，那么，我们的社会主义事业，就一定能够蓬勃地向前发展，我们的民族，就必将成为世界上大有希望的民族。

第二，公忠意识是一种理性的道德情感。"情感是人对客观事物的一种特殊反映形式，是人对于客观事物关系的反映，是人对客观事物所持态度的

[①] 《孙中山全集》第5卷，中华书局1981年版，第522页。

体验。"①人的情感就其内容而言，可分为自然情感和社会情感。自然情感直接以个人物质需要满足与否为基础，表现为饥恶之念、趋乐避苦之心、躲严寒避酷热之意等"七情六欲"。自然情感属人的非理性因素，带有自发性、自保性、盲动性等特点。道德情感则是人们依据一定道德准则估量、评价自己或他人的言行、处境时所发生的内心情绪体验，它所要求于对象的已不单纯是个人物质欲望的满足，而主要是道德需要的满足。道德情感的基本心理形式虽然仍是情感，但已是受道德理性内控的情感，从而使主体情感活动保持正确的方向性、有序性和可控性。行政忠诚是一种道德情感，这种情感反映了行政主体的价值观以及内心所秉持的伦理准则。切斯特·巴纳特在《行政的功能》中指出，这些价值观和原则被组织成各种各样的"情意丛"，他将这种情意丛描述为控制个人行为的私密的、不成文的"法"。他的这种"法"观念意味着价值观和原则不仅仅高居科层制中，也被建构在子系统中。这种主观责任是将自己的需要和习性与角色的要求融合在一起的方式，形成使客观责任的履行与我们内心禀性相一致的一种伦理准则。②当行政人员行使行政权力时，实际上是内心最深处的情感起决定性的作用。真正的道德情感活动并非主体为取悦社会而压抑自身欲望所作出的无奈选择，而是他在对社会整体利益与个人利益的实现之间的关系进行了认真梳理之后所产生的行为必然。所以它是理性的，它不再是对"君"的愚忠；也不是消极的、无以抗争的服从，而是一个具有伦理自主性的行政人员积极理性的选择。

第三，公忠意识是构建道德规范体系的思想来源。公忠这一优良道德传统有着几千年的历史，在今天新的历史条件下，考察其历史流变情况，继

---

① 曾钊新，李建华：《道德心理学》，中南大学出版社2002年版，第135页。
② [美]特里·L·库珀：《行政伦理学：实现行政责任的途径》，张秀琴译，中国人民大学出版社2001年版，第76页。

承和弘扬其合理因素，结合现实生活，特别是结合改革开放和社会主义市场经济的实际，赋予它新的内涵和新的生命力，无疑是建设中国特色社会主义道德体系所必要的。也就是说，公忠这一优良传统道德规范，经过改造应当并且可以成为科学的社会主义道德规范体系的重要组成部分。《中共中央关于加强社会主义精神文明建设若干重要问题的决议》指出："社会主义道德建设要以为人民服务为核心，以集体主义为原则，以爱祖国、爱人民、爱劳动、爱科学、爱社会主义为基本要求，开展社会公德、职业道德、家庭美德教育，在全社会形成团结互助、平等友爱、共同前进的人际关系。"概括地说，社会主义道德建设就是一个核心，即为人民服务；一个原则，即集体主义；五个基本要求，即爱祖国、爱人民、爱劳动、爱科学、爱社会主义；三大社会道德领域，即社会公德、职业道德和家庭美德，每个道德领域都确定了具体的道德规范，从而构成了一个道德规范体系。这就是：社会公德的文明礼貌、助人为乐、爱护公物、保护环境和遵纪守法；职业道德的爱岗敬业、诚实守信、办事公道、服务群众和奉献社会；家庭美德的尊老爱幼、男女平等、夫妻和睦、勤俭持家和邻里团结。一个总目标，就是要在全社会形成一种团结互助、平等友爱、共同前进的人际关系。

《公民道德建设实施纲要》提出："爱国守法、明礼诚信、团结友善、勤俭自强、敬业奉献。"这五句话、二十个字实际包含的是十条基本的道德规范。从某种意义上讲，无论是《决议》中的爱祖国、爱岗敬业和诚实守信，还是《纲要》中的爱国、诚信、敬业、奉献，都继承和弘扬了公忠这一传统道德规范的合理因素。在当今社会主义的中国，公忠的合理因素要作为社会主义道德规范体系的组成部分，主要应当体现在：一是忠于国家。它包括把热爱祖国作为自己的一个神圣的道德义务，牢固树立中华民族的意识和国家利益至上的意识，自觉维护国家的独立、统一和尊严，保卫国家的利益,甚至为国家的存亡而杀身成仁、舍生取义;包括每个人都应该把自己的前途、命运与国家的繁荣昌盛紧密联系在一起,为把中国建设成为富强、民主、文明的社会主义国家作力所能及的贡献。二是忠于人民。它包括要把人民利益置于个人利益之上,积极投身于人民福祉所系的社会主义现代化建设的伟大事业,为人民的利益尽心竭力,尽职尽责,乐于奉献;包括忠贞不贰,诚恳待人,忠于同志,忠于朋友,取信于人,对他人给予信任。三是忠于事业。即树立主人翁意识,忠于职守,爱岗敬业,奋力拼搏,在不同的岗位、不同的行业创造一流的业绩。

(三)公忠意识有助于提高行政人员的执政能力

第一,公忠意识塑造着一种高尚的行政美德。在行政权力的运用过程中,仅仅只有制度上的规范是难以保证权力不被异化的,还必须加强行政人员的道德修养。将内化于心的行政道德外化于行政活动之中,通过不断积累,逐渐形成行政人员的美德。"美德无非是一个人长期的道德行为所形成和表现出来的稳定的心理状态,是一个人长期遵守或违背道德规范的行为所形成和表现出来的心理自我。"① 无论道德规则多么周全,如果人们不具备良好的道德品格或美德,也不可能对人的行为发生作用,更不用说成为人的道德行为规范。"在美德与法则之间还有一种美德性的联系,因为只有对于拥有正义美德的人来说,才可能了解如何去运用规则。"② 拥有美德的行政人员首先应该具有一种忠实服从的精神。不管是传统型组织、魅力型组织还是法

---

① 王海明:《新伦理学》,商务印书馆2001年版,第9页。
② [美]阿拉斯代尔·麦金太尔:《谁之正义?何种合理性?》,万俊人等译,当代中国出版社1996年版,第152页。

理型组织,都要求组织中的行政人员认可组织的合法性与统治的权威,服从"主子"、"领袖"或是非人格化的上级,从而实现行政组织的有效运转。忠实服从是行政权力需要的首要美德。在行政组织的构架与权力的配置中,作为"角色人"的组织成员理应从属于组织整体。组织中的个人必须服从组织纪律,承担维护公共利益的责任。忠诚给行政组织增添了巨大的凝聚力,这种美德指导下的行政行为也显现出稳定性和长久性的特点。行政忠诚美德在实践中最重要的实现途径是对自己所从事的行政事务的忠诚。

行政人员在行政组织中都有相应的行政岗位,在行政管理的过程中都履行着相应的行政职责。对岗位职责的认真履行就是对行政组织的负责,对人民大众的负责。首先,行政人员要立足于提高自己的行政能力,增强行政岗位所要求的专业素养,努力使自己成为高效行政的"业务上的专家"。其次,行政人员要有"不看人办事"的行政理念,为各个阶层和广大的人民群众办事、服务。再次,要有为行政而生存的价值观念,从内心认定,要成为此项事业的忠诚卫士,将行政作为自己的生命。我们有理由相信,具有为行政而生存美德的行政人员必定是将民众的利益视为最高利益的,并以此去平息各种利益之间的冲突。当忠诚落实到具体的行政行为之中时,往往会出现个人、组织和公众之间的冲突。当行政组织侵犯公共利益时,作为行政组织中的个人,是等闲视之、同流合污,还是不顾个人利益,勇敢地抵制、检举?我认为,此时的行政人员应以维护公共利益为终极义务,来实现个人的伦理责任,超越组织的控制与限定。从某种意义上来说,一个公共行政人员个体有责任避免直接或间接地参与不道德的行为,有责任试图阻止别人的不道德行为,有责任将无法阻止的事情公布于众,有责任至少减轻犯罪行为的破坏性影响。

第二,公忠意识蕴含着一种执著的行政精神。公忠之德贯穿于中西几千年的政治文化历史之中，传承至今，它与社会同进步，共发展，仍具有生机勃勃的活力，仍然是当代社会行政文化的精神与灵魂。当代社会处在一个思想上、文化上多姿多彩的时代，多元的价值观期待行政忠诚的统一协调。个性的张扬、信仰的宽容、多种价值观的冲撞是这个时代的特征。人们不再会以"政治人"作为自己人生的唯一目标，也不会将自己的一切依托于"君"，更不会不顾身家性命地追随某领袖或领导。在价值观各异的行政组织中，只有依靠行政忠诚，才能将它们统一于对行政职责的履行、行政效率的追求和行政良知的倡导之中来。"当代的公共行政的精神使行政人员负有使公共行政公平、公正及平等对待的责任。这一责任的实现必然会要以忠诚为行政行为的指导理念。"[1]"要想充分地发挥公共行政的精神，行政人员必须真诚地关爱公民并与公民一道工作；必须关爱和相信宪法和法律；必须既要对良好的管理充满激情，也要对正义充满激情。"[2]由此可见，现代意义的行政忠诚必须是对行政职务的超越，在行政管理中必须贯彻公平、正义等伦理精神。倡导对这种伦理精神的忠诚也将对当代严重的权力腐败现象形成有效的制约。行政人员腐败的原因是多方面的，但可以肯定的是行政忠诚感的缺失必然会导致行政权力的异化。因为权力腐败者已忘记了要忠实于权力的赋予者人民，也忘记了要忠实于自己赖以生存的行政组织，更忘记了不会使自己走入歧途的行政良知，权力腐败者已完全将行政忠诚弃之脑后。只有重新唤起腐败者的忠诚感，他才有可能走上回归之路，才会履行行政权力所赋予他的真正使命。最后，行政发展理想需要行政忠诚的贯彻落实。行政精神不仅是行政实践的积极总结，也是行政发展方向的理想。它以精神感召力引导行政者向其理想迈进，以行政蓝图的理念

---

[1] [美]乔治·弗雷德里克森：《公共行政的精神》，张成福等译，中国人民大学出版社2003年版，第203页。
[2] [美]乔治·弗雷德里克森：《公共行政的精神》，张成福等译，中国人民大学出版社2003年版，第204页。

方式，要求人们为实现其宗旨而努力，从而体现出人们力图以自己的精神面貌改造客观世界和主观世界的强烈动机和能动性。这些行政理想的实现必须以公忠意识为支撑，才能真正地贯彻到行政实践中来。

三、公忠原则：行政伦理体系的核心价值

公忠之德要求公务员忠诚于国家、人民和制度，具体表现在政治实践中就是要求公务员在行政执法的过程中坚持公正、民主和法治原则。而公平公正、执法为民和依法行政正是行政伦理体系的核心价值。

（一）公忠之德内含的公平公正原则是行政伦理的基本价值诉求

公忠不同于私忠，也在于公忠对于崇尚公正的应有之义。私忠之下，因迁就于个人之忠，当个人与公平、公正发生冲突时，个人优先于公平公正。公忠内含的公平公正品格，对现代行政伦理意义重大。

第一，公平公正是行政伦理体系中的基础价值观。对于现代公共行政来说，公平公正是表现政府社会正义供给的尺度，是作为一个标准而存在的，是衡量公共行政健全状况的标准。公正的实质具有公共性道德价值，对社会现实生活和社会制度具有批判性和建设性功能。在行政实践活动中，正是为了寻求公正的存在，才有了对社会成员，尤其是对公共行政人员的伦理要求。对公平公正的追求体现着行政伦理对社会的最基本的文化整合功能，也是行政伦理与社会最为重要的结合点。一切关于政府问题的学术探讨，都直接包含着或在终极意义上包含着政府社会秩序供给的内涵。合理的社会公共

秩序的存在是整个社会合理性的重要表现，而行政伦理是社会秩序的价值构成，社会秩序及其合理性的建构，必须通过行政伦理的努力才能实现。

行政主体的特殊性就在于它手中掌握着社会利益分配的特权，行政伦理的基本问题也就是权与利的关系问题，即行政活动主体如何利用手中的权力调节各种利益关系的问题。如果他们不能遵守公正的道德规范，就会受到社会关系、金钱往来或个人的某种信念的影响而不从公共利益出发，不依照法律秉公办事，利益分配的砝码就有可能朝着个人利益和行业集体利益倾斜，社会利益、国家利益和公共利益就会受到损失。只有确立了公正的行政伦理，才有可能建立一个公平、公正的社会。显然，公平公正理念，是现代社会存在的价值合理性的理论前提，由此也就成为当今时代政府伦理建设中首要选择的目标与行动的准则。在人类伦理思想史上，不论是哪个历史时期，也不论是哪个统治阶级的道德体系，尽管存在着道德类型的更迭与社会有序失序的交替，但为了自己治理国家的合理性不受质疑，总要把建立公正的秩序列到基本的道德目标与伦理的深层结构之中。

第二，公平公正是社会转型时期政府行政的必然要求。市场经济体制改革的最显著特征是唤醒了人们的平等意识和自由意识，也大大刺激和启发了人们的利益需求。平等、自由、利益需求，是可以在社会发展中和通过社会的发展来实现的。在一切推动社会发展的力量中，政府是直接动力源。在政府自觉推动社会发展的过程中，能够体现政府行政最优化业绩的价值标准，就是公正。一个国家的制度和体制如果是根源于公正的思想文化体系，立足于服务公众的目标，政府结构自然而然可以获得合理性的基础，作为政府职能外显的公共行政也就会在推动社会发展中实现最优化。反之，如果一个国家的制度和体制无视公正的问题，那么其政府很难获得较好的业绩，在绝大多数情况下，表现为不能推动社会的发展，甚至有可能成为阻碍社会发展的力量。因此，公正是社会转型时期政府行政的价值要求。只有当政府自觉遵守社会公正时，它才能在推动社会发展方面表现出是一个高效和强有力的政府。在社会转型时期，政府行政公正的价值要求是要改变过去权威行政的陈旧观念，实行民主行政、公正行政、公平行政、公开行政。通过民主行政，使社会公众的权利和利益得到实现，杜绝长官意志，可以提高政府行政的公开性和透明性；通过公正行政，要求行政出于无私动机和正当考虑，可以排除以权谋私和部门利益化，防止权力腐败的蔓延；通过公平行政，可以使政府在分配资源、创设规范以及执法和管理方面实现平等对待，使社会公众无差别地成为公共领域的受益人，这样，行政领域必要的政策优惠就不能发展为差别对待甚至异化为特权；通过公开行政，有利于防止暗箱操作，控制"阳光下的阴影"，减少腐败现象的发生。

　　第三，公平公正是公共行政人员必备的行政伦理品德。公正就是为一定的道德体系所认可的对社会成员之权利和义务的恰当分配，是社会关系的均衡合理以及达到这种均衡合理的关系所要恪守的规范尺度。政府作为社会公正的代表，有责任和义务履行对公民的职责，维护公民的权利，增进公民的利益。在公共行政实践的过程中，政府一方面必须切实赋予社会成员生存权、受教育权、就业权以及社会保障权等最基本的权利，同时保障履行义务者的相应权利不受侵犯，使那些尽享权利、逃避义务的人受到惩罚。另一方面必须制定公正的政策和规则，调整社会对弱势群体的偏见和政策结构布局，使不同领域、不同条件、不同环境的每一个社会成员都能得到政府赋予的机会，保证社会公正的各项准则被公正地执行。公正作为一种重要的伦理原则，贯穿于人类生活的各个领域，而最需要公正的领域则是公共行政的领域。

　　在民主宪政国家里，行政权力源于人民主权或人民权利，属于公共权力。公共行政的这种公共性决定了它的公正性，因为不仅公共的应该是公正的,而且只有公共的才是公正的。在任何时候,唯有政府的公共行政,才能保持理性,担当起提供社会公正的使命。尤其是进入20世纪以来,作为德政之基石的行政公正更是社会孜孜以求的价值目标,是公共行政的一个至关重要的伦理原则。

(二)公忠之德提倡的执政为民原则是行政伦理的最高价值所在

忠于人民,坚持民主原则是公忠的基本要求,也是其区别于私忠的现代标志。至此,公忠德行已经表达了现代行政的价值依归即人民至上,执政为民。

第一,执政为民符合人民群众的根本利益。公共行政人员加强行政伦理修养,最重要的就是要牢固树立马克思主义的世界观、人生观、价值观,牢固树立正确的权力观、地位观、利益观。解决好这"六观"问题,实质上就是解决好如何对待民众的问题,解决好"权为谁授"、"政为谁执"、"利为谁谋"的问题。因此,公共行政人员必须牢固树立"只有一心为公,立党才能立得牢;只有一心为民,执政才能执得好"的观念和社会主义荣辱观,增强公仆意识,始终把群众利益放在第一位,把全心全意为人民服务作为人生的最大追求,把实现好、维护好、发展好最广大人民的根本利益作为最高目标,自觉坚持中央提出的"八个坚持,八个反对",自觉做到权为民所用、情为民所系、利为民所谋。只有这样,才能真正做到执政为民,公正行政。从社会价值导向上倡导"领导就是服务"、"服务就是奉献"的为官道德,在社会控制模式上坚决制止自私者为官的社会机制。伦理的根本问题是个人利益同社会整体利益的关系问题。"我国是一个人民当家作主的人民民主专政的国家,只有人民,才是历史的创造者和推动者,我们的社会道德建设应该同我们的'国家富强,人民幸福'的奋斗目标紧密联系起来。由此可见,'为人民服务'既是我国社会主义道德建设的核心,也是我们道德建设的出发点和根本目的。"没有"为人民服务"的思想,就不可能"办事公道"、"献身社会",也不可能"爱岗敬业"、"服务群众"。"为人民服务"作为行政伦理的根本宗旨和规范,其基本要求就是一切从人民的根本利益出发,坚持集体利益高于个人利益。

  第二,执政为民是塑造政府良好形象的需要。公务员在追求自己利益的同时不可避免地要与自己所从事的行业伦理发生碰撞。公务员是一个特殊的群体,他们的行为方式、后果,不仅对国家政府产生影响,对他人、对社会产生影响,而且直接影响着政府形象。公民对政府的认同与服从并不是取决于政府拥有巨大的权力,而是取决于政府所具有的人格魅力形成的权威。执政为民的原则是产生政府人格魅力、塑造政府良好形象的基本源泉。政府行使权力的过程实质上是一个为人民服务的过程,只有公正地使用手中的权力为人民办事,才符合人民授权的本意,才能得到人民的认同。因此,站在公共行政的视角,执政为民是一个能综合、包含和指导、调整其他价值目标的最高的全局性的价值目标,这不仅是公共行政运行的客观需要,而且对整个社会的健全有着十分重要的影响。执政为民是公共行政追求的终极价值目标,它既是公务员必须遵循的重要原则,也是公务员必须具备的重要美德;同时它也是政府应遵循的重要原则。公共权力的行使,必须是为了谋取公共利益和最广大人民群众的根本利益。为公共利益、为全体人民而行使权力,这是公务员必须树立的基本行政理念,在具体行政实践中,则要实现公正行政、公平行政、公开行政和民主行政。只有这样,才能得到人民群众的信任,才能树立起政府的权威,我们的行政工作才能真正获得人民的支持。在党内,无论是革命时期还是建设时期,都曾涌现出大批勤政为民、廉洁奉公的典范,诸如方志敏、焦裕禄、孔繁森、张鸣岐等等,他们不愧为干部的表率、人民的脊梁。正是拥有这么一批心怀人民的好干部、好领导，党的事业才会长盛不衰、兴旺发达。

（三）公忠之德要求的依法行政原则是行政伦理的价值保障

崇尚法治，是公忠的又一伦理要义。依法行政则成为公忠对行政实践的伦理制度反映与要求，也是行政伦理得以实现的有效保障。

第一，依法行政是实现依法治国的根本保证。党的十五大已经将依法治国确定为党领导人民治理国家的基本方略，并已通过宪法修正案载入我国的宪法。依法治国战略的实施，关键在于行政机关及其公务员要遵循法治原则，进行依法行政。依法行政的范围，包括行政立法、行政执法和行政司法，其核心是行政执法。因为行政执法，是国家行政机关及其工作人员行使国家公共权力，按照法律、法规赋予的职权，对管理相对人采取直接影响其权利义务的行为，或者对管理相对人的权利义务的行使和履行情况直接进行监督检查并作出处理结果的行为，最容易侵犯公民、法人或其他组织的合法权益。所以，依法行政的核心，是依法行政执法。依法行政和依法治国的关系是密不可分的。依法治国由依法立法、依法行政、依法司法和依法监督等内容组成。在这些内容中，依法行政是依法治国的核心和重点。因为一个国家的整个管理活动，不是靠立法机关、司法机关和军事机关，而主要是靠各级人民政府进行的。如果各级行政机关都能依法行使职权，依法进行管理，那么，依法治国就有了基本保证。坚持依法治国的方略，又为依法行政创造了大环境和前提条件。如果没有依法治国的方略和大环境，就根本谈不上依法行政。但没有依法行政，依法治国也会落空。因此，依法行政是现代法治国家里政府行使行政权力所普遍遵循的基本准则，也是实现依法治国的根本保证。

第二，依法行政是行政伦理的制度保障。由于我国民主传统比较缺乏，法治观念比较淡薄，许多公务员在执行公务时，常习惯于按命令、指示等办事，而不是按照法律、法规办事；在处理"情"与"法"的关系上，往往将"情"摆在首位，而不是法律面前人人平等，这就为官僚主义和腐败现象的产生提供了可能。因此，只有坚持法治原则，依法行政，才能使行政伦理制度建设真正做到有法可依。行政管理的对象是社会公民、法人和其他社会组织。国家的管理活动都是由国家各级行政机关及其工作人员来进行的，行政机关能否合法有效地行使行政权力，管理好国家的各项行政事务，这对推动社会的不断发展至关重要，直接关系到国家的前途和民族的命运。因此，每一个国家都非常重视行政权力的建设和制约，努力使其朝正确的方向发展。行政权力与人民群众的密切关系决定必须依法行政。行政权力是国家政治权力的重要组成部分，是管理国家各项行政事务的公共权力。行政权力是人民赋予国家行政机关及其工作人员的，国家行政机关及其工作人员，必须以人民赋予的权力来为人民服务，时刻牢记"水能载舟，亦能覆舟"的历史教训。

第三，行政权力的特征要求必须坚持依法行政原则。行政权力的行使具有自己鲜明的特征。一是行政权力是由法律设定和国家权力机关授权。国家出于对各方面的有效管理与社会的协调发展和稳定、促进国民经济迅速发展的考虑，不得不授予行政机关行政立法权、管理权、处罚权和强制权，而这些权力又不受法律的约束。这就有可能导致权力走向专横、滥用，甚至是腐败。我国的行政机关既是权力机关的执行机关，又是法律机关的执行机关，因此，行政机关就必须执行国家法律的规定和国家权力机关的意志，权力的运用必须对权力机关负责，对人民负责。行政权力的行使必须在国家法律规定的范围内行使，不能越权，更不能侵权。二是行政权是国家的公共权力，具有强制性和单方面性。行政机关在行使行政权力时，不能以自己的主观思想作为标准，而要以国家的法律、法规为标准，依法做出各种行政行为。行政机关的行政行为是单方面的意志表示，不需要与管理相对人协商。行政决定一旦作出，行政管理相对人就具有服从的义务，其他国家机关就有协助的职责，而且，行政决定是以国家的强制力作为保证的。如果行政管理相对人不履行法定义务或行政决定，行政机关就可以依法采取强制措施或强制执行。三是行政权力的行使具有自由裁量权。国家为了保证行政管理的效率性，赋予行政机关及其工作人员在行使行政权力时，享有很大的和较宽幅度的自由裁量权。自由裁量权是行政权的一部分，是提高行政效率的重要措施。但是，在实际工作中，行政机关及其工作人员在行使自由裁量权时，存在某些扩张性和随意性，甚至存在"以权谋私"、"权钱交易"的现象。因此，要求行政机关在行使行政权力时，不仅要依法行政，还要规范行政自由裁量行为。

四、公忠规范：行政伦理实践的制度示范

伦理制度化是指人们把一定的社会伦理原则和道德要求提升、规定为制度，并强调伦理的制度化、规范化、法律化。将重要的伦理道德纳入制度建设的范畴，有助于从制度上保障行政人员坚守伦理自主性并做出符合公共利益的行政行为，这就要求行政人员在行使公共权力时，要遵守一定的行政道德标准，避免出现不道德的行为。

伦理制度化是当代社会的必然选择，它突出强调了制度的刚性约束作用，这种约束机制要求行政人员必须作出符合伦理规范的道德选择。在当今社会，伦理道德不再是工具，而是一种社会活动和社会生活的模式，是社会生活的基

本内容；人们在解决冲突问题时，不再简单地选择法律或权力，而是对冲突进行道德反思，根据道德判断作出行为选择，借助道德权威协调、消弭权力权威与法律权威的冲突；通过管理者服务观念的确立和服务行为的践履，催化人们内心的道德意识，在全社会范围内张扬伦理精神，从而实现法治社会的道德化。只有通过道德制度化建设，建立起一整套伦理制度特别是行政伦理制度，才能为社会治理目标的确立、程序的安排提供制度上的保证，才能使人们崇尚道德行为，并乐于过一种道德化的生活，才能建立起稳定的德治。公忠之德所提倡的道德规范为行政伦理制度化奠定了坚实的基础。

（一）公忠规范是构建行政伦理制度的基础

第一，公忠规范为构建行政伦理制度奠定了道德基础。公务员要想承担起"服务者"的角色，必须德才兼备，因此公务员的绩效评估需要注重伦理道德方面的评估。我们知道，作为"服务者"的公务员，本身也是"道德人"，这对公务员的道德素质提出了很高的要求。建设服务型政府，法律制度的健全是必不可少的，但对公务员自身的角色定位及其要求更值得关注，正如特里·L·库珀所说："行政人员的角色定位往往造成了理论和实践的盲点。""国家的民选官员、任命的公务员和其他公共机构雇员为政府机构工作且都承担着双重义务：既有责任为公众提供服务，同时作为公众中的一员又有权接受服务。"①《公务员法》中规定了公务员的考核要全面包括德能勤绩廉，但重点是工作实绩，这就对公务员伦理道德方面的考核有所忽视，加之对伦理道德本身的考核缺乏实际操作性，因此当前迫切需要将公务员的伦

---

① [美]特里·L·库珀：《行政伦理学：实现行政责任的途径》，张秀琴译，中国人民大学出版社2010年版，第45页。

理道德要求尽快地以法律或者行为准则的形式制定出来，并以明确的形式写入公务员绩效考核当中。要设立专门的关于公务员行政伦理的评议机构，加大对行政人员伦理品格的评价和监督力度，将行政伦理道德素质的高低体现在对公务员的绩效评估中，并直接与公务员的切身利益联系起来，形成提高公务员伦理道德素质的外在压力，并内化为动力。公忠规范就是从公务员的道德理念入手，让公务员树立起大局意识，从而对自己的公务员身份产生崇高的使命感。

第二，公忠规范为建立行政伦理制度指明了价值方向。公忠之德坚持作为公共领域的行政人员应当树立公共利益至上、为公民服务的价值观。这种价值观显然有别于追逐利益最大化的私人组织的价值观。在私人领域，人们作为"经济人"，可以拥有不同于公共领域的价值观。人们对个人利益的追求，不仅是合理的，也是合法的，这在客观上推动了社会的发展。而在公共领域，行政人员的社会角色决定他们必须对自己的某些权利诉求有所限制，对个人利益的过分追求有时很有可能和他的公共职责相冲突。当人们一旦以"公共人"的身份加入行政组织，行政人员的个人价值观就必须统一到为公共利益服务的整体价值观中去。这就要求行政组织必须通过教育、宣传、培训等手段，塑造这种积极的价值观和组织文化。公忠的社会规范能够让行政人员树立公共利益至上的观念，能够在公务员队伍中营造一种好的道德氛围，能够很好地推动建立一个积极健康的行政伦理制度。行政决策与行政官员的价值观密切相关。可以说行政决策是行政官员自身价值观的选择，而价值观又深受其行政道德水平所制约。这样，一个合乎道德的行政决策又是行政官员行政道德水平的体现。无论是强制性还是非强制性的行政伦理规范所提倡或禁止的行为，行政官员在进行决策时都必须遵守。行政官员遵守行政伦理规范各种规定的过程，实质上就是他们在管理公共事务中确保决策具有道德性的过程。公忠规范所包含的正确道德理念，能够引导行政人员确立一个正面的价值观，从而影响他们具体的行政实践。

（二）公忠规范丰富了行政伦理制度的内容

第一，公忠规范强化了行政人员的公共意识。行政人员要具有公共的意识，并且在长期的实践过程中，这种公共意识要逐渐地内化为行政人员的思想，并确立一套广泛可行的行政伦理规范体系使公务员对自身角色进行合理定位。对公务员的教育培训不仅要建立机制，为了确保良性的行政文化得以持久保持，还必须有刚性的制度作保障。要通过绩效评估、激励约束机制、监督制约机制、能力促进机制等各种制度的建立和完善，倡导组织中正确的行政文化，强化公务员的服务意识，形成良性的组织文化与公务员行为道德的互动。通过对公务员的各种行为的制约和引导，塑造一种良好的行政文化，并通过良好的行政文化来影响公务员的道德选择和行为选择，达到相互促进。目前由于各方面的原因，有不少行政人员离为人民服务的公仆角色还有一段距离，有的甚至反向而行。针对这一现象，必须在现实的基础上，提出符合时代精神、又不失导向意义的价值追求。张康之就认为，"按照符合社会主义市场经济的特征设计对他们的行为规范，让他们向公仆角色靠拢。确立包含如下三个主要向量的政府人员价值坐标：一是行政人员必须建立对公共利益的信仰；二是必须对其执掌的公共权力以及自己的定位有着充分的自觉；三是必须确立无私奉献的价值目标。"[①]使政府官员摒弃"经济人"的私利动机，用好手中的权，做好该做的事。公忠规范通过加强对公务员的教

---

① 张康之：《公共管理导论》，经济科学出版社2003年版，第65页。

育、控制和引导，使公平公正、执法为民、依法行政等思想理念内化到公务员的性格中，使服务行政理念深入人心。

第二，公忠规范增强了行政人员的服务意识。公忠规范为公务员提供了一种服务人民的组织文化。公务员组织文化是指作为一个组织运行的基础，由一系列态度、信念和价值所构成的文化。组织文化实际上就是由其大部分成员所共同分享的、对周围的人和事的假定和判断的总和。公务员的价值观虽然有着各自的不同之处，但都不可避免地受到组织文化和社会环境的影响，一个有道德的组织必然会对其成员的个人品德产生积极的影响，因此营造先进的组织文化可以成为一种塑造"服务者"公务员的柔性机制。组织文化上述作用的发挥，离不开行政伦理制度化的支撑，因此，通过加强行政伦理建设来努力营造符合服务型政府要求的组织文化，可以有效地塑造"服务者"公务员。

在服务型政府建设中，对公务员的角色期待我们已经概括为"服务者"，但公务员本身如何认识和承担这一角色取决于社会对其的限制，更取决于个人的道德水平，而道德水平受到组织文化的深刻影响。在服务型政府建设中，我们必须建设"为人民服务"的行政文化。组织文化应用于服务型政府，则表现为一定的行政文化。台湾学者彭文贤认为行政文化是特定行政人员的意识构建、思考方式、价值观念、态度以及一般人对行政的整体价值意识。按照这种观点，行政文化中公务员的意识构建、思考方式、价值观念等因素，都是与公务员"服务者"角色密切联系的。因此，建设服务型政府要求的行政文化，可以使公务员有效地承担起"服务者"角色。"为人民服务"不仅概括了服务型政府的公民本位、社会本位特征，也概括了服务行政的特征，更对公务员"自律和道德"提出了要求。

（三）公忠规范为行政伦理制度确立了坚定的政治品格

第一，公忠规范有助于建立完善的公务员伦理道德管理机制。行政伦理不仅仅是规范公务员的行为，它还需要有机制的运作和制度的保证。制度建设和体制设置为公务员提供了作出合乎道德规范的行为选择的环境，创造了"可以实现的环境"和"不得不实现的制度"。政府应该进一步强化这种价值追求的制度化和内化，通过制度来保障，通过内化为公务员的行为来推动服务型政府的建设。公忠规范能够推动政府制定完善的职业伦理规范，并通过宣传教育使公务员深刻领会其精神实质并自觉运用于日常管理和服务之中。加强对公务员的行政伦理教育，首先要加强领导干部教育，重点提高领导干部的道德素质；其次要加强廉政文化的广泛宣传，形成良好的组织文化；再次要在整个社会中加强行政伦理道德教育，提高对行政伦理道德的认知；最后还要完善符合时代发展要求和体现时代精神的教育培训制度，将教育落到实处，避免形式主义。公忠规范不仅可以完善行政伦理教育培训制度，规范行政系统内部的教育培训，提升公务员的行政伦理素质，塑造服务型政府所要求的"服务者"公务员，而且有助于在全公务员系统内形成优良高质的伦理氛围，促进行政伦理教育机制和激励机制的结合。行政伦理的激励机制是社会"依据价值体系标准，对行政主体的行为进行引导、激发和调控的活动和过程"，公务员的伦理道德素质的习得与培养是一个长期的过程，这个过程需要激励制度来促进。因此要想让教育和培训机制发挥其最大的作用，就必须将行政伦理的教育机制和激励机制相结合。

第二，公忠规范有助于完善行政伦理社会监督机制。服务型政府是一种责任的政府，是一种积极吸收公众参与的政府，要塑造符合服务型政府要求的公务员，必然需要整个社会积极参与。"真正有效的遏制腐败，最重要的是靠民众的觉醒、民众的力量"，伦理道德作为一种社会控制手段，必须有有力的社会监督。公务员的行政伦理道德影响着公务员的管理和服务行为，而社会公众是公务员直接面向的服务对象，公务员的实际伦理道德素质如何，公众有着最大的发言权，因此必须发挥社会公众对公务员行政伦理建设的监督作用。公忠规范有助于推动建立一个有公民和社会组织广泛参与的行政伦理评价和监督体系，发挥社会力量的监督，使公务员受到来自社会团体、人民群众、新闻媒体的批评和监督。社会公众对公务员的监督还离不开信息的公开，因此完善信息公开制度，增加透明性，可以更好地吸收公众参与到对公务员的伦理道德监督中，发挥公众对加强反腐败等的作用。

信息公开可以包括"政务信息公开"制度和"政误信息公开"制度，"政务信息公开"制度可以使社会公众对行政机关以及公务员的相关行为进行必要的了解，同时，公开"政误"是一种纠错机制，将公务员没有履行好职责或者错误行使权力的行为公之于众，客观上形成了一种外在的压力，这对提高公务员的道德素质和服务水平有着积极的促进作用。监督需要内外结合，这种内外结合既可以是行政机关内部和外部监督相结合，也可以是公务员自身监督和公务员之外的监督相结合。加强监督，塑造"服务者"的公务员，就需要克服缺乏民主监督、公平公开的制衡机制，权力运行透明度低等困难。因此，大力发展电子政务，可以有效避免利用政府信息寻租和设租现象的发生，可以提高公务员行政权力运行的透明度，可以为解决腐败问题提供一个有效的平台，从而有助于塑造"服务者"公务员。

第三，公忠规范有助于健全行政伦理激励考核机制。我国的行政伦理激励机制相对滞后，在义务的承担上远远大于权利的享受，二者的不对等使得公务员在伦理方面缺乏动力。激励机制可分为两大类，一是物质奖励机制，一是精神奖励机制，我国目前践行的激励制度重精神奖励而轻物质奖励。行政伦理规范对公务员的规范行为缺乏健全的激励机制，这也是公务员行为失范的一个诱因，因此有必要建立一套完备的公共行政道德考核机制。行政道德建设反映在考核指标上，要做到尽可能把软任务变成硬任务。它的考核机制必须严格兑现考核结果，打开干部能上能下的通道，使考核评价作用延伸到干部队伍道德建设的全过程。因此必须明确行政伦理道德在公务员相关利益如工资和晋升等方面的重要性，通过完善的绩效考核和激励机制，营造一个能够体现公务员遵纪守德获得奖励、违纪败德遭到惩罚的行政伦理道德评价机制和激励机制。使之既可以完整准确地体现公务员的伦理道德水平，又能将公务员的伦理道德水平与其实际利益挂钩，使公务员能够进行明确的行政伦理道德成本收益分析，保证有遵纪守德的积极性。行政伦理制度化使行政人员从内心确立一种良好的行政伦理准则，为服务型政府建设中公务员"服务者"角色的实现提供了一个制度保障。公务员角色的实现又与公务员的能力素质有着必然的联系。公务员角色的实现不能单纯地停留在公务员职业道德的培育上，也不囿于构建完善的行政伦理制度，而应该更多地体现在公务员是否掌握了适应本职工作需要的能力和水平上。因此，塑造"服务者"公务员，还必须加强公务员的能力建设。

第二章 Chapter

公忠之源：公忠观的中西伦理变迁

公忠观念不是无源之水、无本之木。公忠观念是源远流长的忠文化发展历程中的一条重要脉络，其产生发展与客观生产力和生产关系以及其他特殊历史条件有着紧密联系。在古代，中国与西方世界交流甚少，基本处于相对独立的发展历程，同一历史时期生产力、生产关系以及经济基础、政治制度、传统习惯等方面的诸多差异，导致中西方古代忠文化呈现出不同的发展特征。

一、公忠、私忠合一：我国古代公忠观的标志

忠文化是中华民族五千年灿烂历史文明长河中的一颗璀璨明珠。在中国封建社会政治文化生活中，忠更是被看做"为国之本"、"义理之归"，是当时社会的最高行为准则。它要求人们忠于人、忠于事、忠于理，倡导"以公灭私"、"天下为公"、"公而忘私"的公忠精神，当然也包括"忠惟事君，事君必忠"的私忠要求。纵观中国古代历史，在忠孝难以两全的持久博弈中，"忠先于孝"的正统思想无疑再一次提高了忠在中国古代社会的地位。虽然受古代经济、政治、文化历史条件局限，难免流俗于忠君思想，但从忠文化发展的历史轨迹来看，其基本内涵中也有要求对国家、民族、人民忠诚的积极成分。这也是我们当前研究、扬弃、创新忠文化本旨之所在，以期发展公忠观念，有益于进一步提高当代公务员的行政忠诚素养。

（一）忠文化起源与萌芽——朴素公忠到绝对私忠

有关忠文化的起源，众说纷纭。有学者认为，夏商周没有忠观念，即夏商周之前的历史时期根本不存在忠文化。如果从目前发现的最早文字形态甲骨文以及后来的金文来看，商朝、西周确实尚未发现象形文字"忠"，但是仅以发掘史料、文字形态为依据，不足以科学判定夏、商、西周及之前没有忠文化存在。

从人类历史长河的源头来看，原始社会由于生产力低下，劳作工具简

陋，单个人无法在蛮荒时代独立生存和发展，人们习惯以氏族为单位集体生产劳作。在这种情况下，集体成为他们赖以生存和发展的组织保障，而德高望重的氏族首领则俨然成了集体的化身。因而，原始人民自发朴素地忠诚于集体和氏族首领，当集体利益受到侵犯，诸如发生氏族战争时，他们会不惜牺牲生命予以坚决捍卫。据考证，在强大自然力肆虐的蛮荒时代，几乎每个原始部落都有自己信奉崇拜的图腾，并创造出各种神秘仪式来敬畏自然神明，这也成了他们精神生活的重要组成部分。在原始人自觉地忠于集体、忠于首领、忠于神明的懵懂行为中，忠文化已悄然萌芽。

从后世文献史料来看，被视为多用事实解释《春秋》的《左传》保存了春秋以前的大量珍贵史料。在《左传·文公十八年》中有四段文字记载，其内容明确佐证：夏、商、西周以前虽无忠字，但已经有了忠文化。

①昔高阳氏有才子八人：苍舒、隤敳（音：颓皑）、梼戭（音：桃眼）、大临、龙降、庭坚、仲容、叔达，齐圣广渊，明允笃诚，天下之民谓之"八恺"。

②高辛氏有才子八人：伯奋、仲堪、叔献、季仲、伯虎、仲熊、叔豹、季狸，忠肃共懿，宣慈惠和，天下之民谓之"八元"。

③此十六族也，世济其美，不陨其名，以至于尧，尧不能举。舜臣尧，举"八恺"，使主后土，以揆百事，莫不时序，地平天成；举"八元"，使布五教于四方，父义、母慈、兄友、弟共、子孝，内平外成。

④昔帝鸿氏有不才子，掩义隐贼，好行凶德，丑类恶物，顽嚚不友，是与比周，天下之民谓之"浑敦"。少暭氏有不才子，毁信废忠，崇饰恶言，靖谮庸回，服谗蒐慝，以诬盛德，天下之民谓之"穷奇"。①

---

① 王成：《中国古代忠文化研究》，山东大学博士论文，第6页。

上述可见，忠字的出现与否与忠文化的渊源萌芽并无必然联系，三皇五帝的远古时代已经有忠的观念存在，在原始社会客观历史条件下，忠文化已萌发，而后来出现的忠字也仅是忠文化发展过程的一个小插曲而已，不足以作为忠文化萌芽的标志。

进入奴隶制社会以后，夏、商、西周虽如前所述没有关于忠的同时代史料印证，但我们肯定不能局限于只言片语的同时代史料来看待忠文化的存在问题，而是要着重考察夏、商、西周的客观历史条件，否则很容易陷入形而上学的泥沼。马克思辩证唯物主义哲学观强调要用联系、全面、发展的眼光看待问题，我们要把忠文化同社会的其他方面有机联系起来考察。首先，夏朝是中国古代第一个奴隶制国家，在奴隶主所有制基础上构建宗法制政权，导致臣民依附于大奴隶主夏王，这种政治上的人身所有或依附关系直接导致对忠文化的进一步需求。其次，据不完整的发掘史料佐证，继夏而立的商王朝依然延续采用奴隶主私有制和宗法制政权，萌芽状态的忠文化在商朝得到进一步发展，出现了忠的人物典型。如：商朝末年，纣王无道，比干叹曰："主过不谏非忠也，畏死不言非勇也，过则谏不用则死，忠之至也。"遂至摘星楼强谏三日不去，纣问何以自恃，比干曰："恃善行仁义所以自恃。"纣怒曰："吾闻圣人心有七窍信有诸乎？"遂杀比干剖视其心。又如：商末孤竹君之长子伯夷，姓墨胎氏。初，孤竹君欲以次子叔齐为继承人，及父卒，叔齐让位于伯夷。伯夷以为逆父命，遂逃之，而叔齐亦不肯立而逃之。二人闻西伯昌善养老，尽往归焉。及至，正值西伯卒，武王兴兵伐纣，二人叩马而谏，曰："父死不葬，爰及干戈，可谓孝乎？以臣弑君，可谓仁乎？"左右欲兵之，太公曰："此义人也。"扶而去之。武王克商，天下宗周，而伯夷、叔齐耻食周粟，逃隐于首阳山，采集野菜而食之。及饿将死，作歌。其辞曰："登彼西山兮，采其薇矣。以暴易暴兮，不知其非矣。神农、虞、夏忽焉没兮,我安适归矣?于嗟徂兮,命之衰矣!"遂饿死于首阳山。^①从这两则史例,可以窥见商朝忠文化发展状况之一斑。再次,西周是中国奴隶制社会的鼎盛时期,周王推行"天子建国,诸侯立家,卿置侧室,大夫有贰宗,士有隶子弟"的分封制,形成等级森严的"天子—诸侯—卿大夫—士"的社会结构,强调大小宗共同对最高宗主周天子负责。此外,西周初年周公制定了具有法律规范意义的周礼,强调"亲亲父为首,尊尊君为首",礼中包含有忠君思想成分,忠文化已经得到统治者认可。

可见,忠文化发源于原始社会特定历史条件下,初步萌发于夏商西周奴隶社会,经历了由原始社会朴素公忠演变为奴隶社会绝对私忠的萌发历程。

(二)忠文化的早期发展——绝对私忠到公忠私忠合一

春秋战国时期,中国古代社会发生了前所未有的时局大动荡,周礼败坏,道德不一,整个社会自上而下陷入了混乱之中。传承已久的奴隶制、宗法制遭到严重破坏,原有的金字塔式的贵族等级制度也日渐瓦解,与经济上的"私肥于公"相适应,政治上的"以下僭上"屡见不鲜。面对这种"上无天子,下无方伯,力功争强,胜者为右,兵革不休,诈伪并起"^②的混乱时局,人们开始更多地反思社会现状,由此逐渐推动了"百家争鸣、百花齐放"思想文化运动的发展。中国古代社会各个阶层的代表思想开始了第一次历史性大碰撞,直接促使古代朴素单一的忠文化日趋多样化和系统化。

春秋时期,忠君观念依然存在,并被很多人践行,忠文化逐渐处于多

---

① 许嘉璐主编:《二十四史全译·史记第二册》中《史记卷六十一·伯夷列传第一》,汉语大词典出版社2004年版,第879—880页。
② 刘向集录:《战国策》,上海古籍出版社1985年版,第1196页。

种支流并行发展的阶段，忠的内涵也进一步丰富。《国语·越语下》记载了越王勾践对范蠡说的一段话，其中谈到"信谗喜优，憎辅远弼，圣人不出，忠臣解骨"，至此，"忠臣"二字在历史文献中首次出现。这是忠文化发展史上具有里程碑意义的重大事件，进一步明确了忠君思想的主要践行者。忠在当时可能已被看做是臣子必备的道德品质，并且这种文化有自上而下进一步扩散的趋势。忠的内涵进一步发展，在《国语》中出现的120个"忠"字的含义，大致包括如下八个方面：①忠为"令德"，即美德；②忠为"德之正"，即德的基准；③忠为宽容、公正；④忠为俭朴、廉洁；⑤忠为爱国忠君；⑥忠为祛邪胜私；⑦忠为忠诚；⑧忠为忠于民。①从忠的这八种不同含义，可以看出春秋时期人们对忠文化内涵的认识逐渐系统化、全面化。

战国时期，忠文化在这一社会思想大变革的历史时期依然扮演着重要角色。诸子百家皆对其有独到阐述，在更大的一次碰撞与整合中，绚烂多彩的忠文化日趋完善并渐成思想体系。从战国时期的思想流派来看：

1. 道家忠说

道家创始者老子及其后继者庄子，虽然都曾强调"道法自然"、"无为而治"，认为社会发展不需要过多的政治干预，但是二者对忠文化都有自己的独到阐释：（1）老子之忠。老子生活的春秋末期，正处于奴隶社会向封建社会转型的历史阶段。在"礼崩乐坏"的时代背景下，老子对礼作了深刻反思，他认为"礼者，忠信之薄而乱之首"，在礼治已经没落的情况下"国家昏乱有忠臣"，这两处忠字深刻反映老子认为"礼"已不能起到规范协调社会秩序的作用，强调在混乱的社会时局中"忠信"应该取代"礼"成为维护社会秩序的重要准则。老子的"忠信"说为后世对忠的进一步探讨作了重要

---

① 王成：《中国古代忠文化研究》，山东大学博士论文，第15页。

理论铺垫。（2）庄子之忠。老庄同属道家代表人物，作为老子后继者的庄子却在理论感情色彩上走到了老子之忠的反面。老子强调"无为"最终是为了达到"治"的社会状态，而庄子主张消极无为，认为人活在世上，犹如"游于羿之彀中"（羿指君主，彀指君主的刑罚和统治手段），到处充满危险。从"庄周梦蝶"、"安知鱼乐"的经典故事中，可以看出他主张个人应安时处顺，逍遥自得，认为"夫仁义之行，惟且无诚，且假乎禽贪者器"，对仁义道德很是鄙夷。然而，庄子并没有忽略对忠的研究，在其著述中一共用了23次"忠"，尤其关注"忠信"、"忠臣"，阐述了自己对忠的独特理解。庄子虽关注"忠信"但并不推崇"仁义忠信"，而是把它们作为批判对象，认为"仁义忠信"仅是实现自己私利的工具，甚至是某些丑恶嘴脸的遮羞布，主张"攘弃仁义，而天下之德始玄同矣"，即呼吁抛弃包括忠在内的仁义思想，天下道德始能归一。

2. 墨家忠说

墨者多来自社会中下层，以"兴天下之利，除天下之害"为学派宗旨，创始人墨翟主张"兼爱、非攻、尚贤、尚同、天志、明鬼、非命、非乐、节用、节葬"，深刻反映了当时下层劳动人民对社会动荡现状的厌恶以及对社会发展前景的美好期望。

墨家在"兼爱非攻"思想统领下，强调百姓听命于百官、百官听命于天子的"尚同"，并且将这种"忠"阐发为"君惠臣忠"，即要求君对臣惠、臣对君忠。墨子进一步阐述了忠的行为表现，"上有过，则微之以谏；已有善，则访之上，而无敢以告。外匡其邪，而入其善，尚同而无下比，是以美善在上，而怨仇在下，安乐在上，而忧戚在臣"，认为这是忠臣顺应圣王之道，谋求万民之大利的基本道德规范。当然，墨子强调顺应圣王之道，并不是提倡那种"令之俯则俯，令之仰则仰"、"处则静，呼则应"式的愚"忠"。

3. 法家忠说

法家是先秦诸子中对法律最为重视的一派，他们因在中国古代法律领域做出了卓越贡献而闻名，并创建了一整套与封建政权相适应的政治法律理论。法家思想为后来建立的中央集权制的秦朝制定各项政策提供了治国的基本理论依据。法家思想与道家"厚古薄今、无为胜有为"、墨家"兼爱非攻"、儒家"仁义道德"主张均存在较大差异，它抛弃周礼并希望借助法律来重新建立社会政治秩序，实现战国时期中国的大一统。

法家杰出代表人物韩非在其著述中专门设有《忠孝》篇，集中探讨忠孝问题，并将"公"、"忠"放在一起探讨，尤其注重研究臣子"弃私为公"，这是中国古代忠文化公忠观念的首次明确提出，具有重大历史意义。他认为虽然君臣关系是一种利害关系，但"公忠"要义就是献身于君主和国家，不行"私道"；而"孝"、"信"属于个人之间的私义，"私义行则乱，公义行则治"，在忠孝之间更强调对君主和国家的忠，反对将"孝"凌驾于"忠"之上。

《韩非子》一书中共有"忠"字96处，其中"忠"、"臣"合用达17处。韩非强调人臣必须具备"忠"的品质，甚至认为"为人臣不忠，当死"；但是韩非并未将忠完全凌驾于法律之上，而是强调"虽有忠信，不得释法而不禁，此之谓明法"，意即在忠与法的关系问题上韩非"以法为本"的主导思想没有动摇，依然强调严格依法行政治国。另外，韩非公开否定礼，批判"孔子本未知孝悌忠顺之道也"，认为儒道诸家"事君养亲"理论是"恍惚之言，恬淡之学"，继而提倡"臣事君，子事父，妻事夫，三者顺则天下治，三者逆则天下乱"①的"三顺"思想，进一步发展了忠文化的内涵。

---

① 刘乾先等译：《二十二子详注全译·韩非子译注》，黑龙江出版社2003年版，第825页。

总而言之，韩非从法家立场出发，将忠纳入法制轨道，重新界定忠的内涵，逐步缩小了忠的对象范围，几乎将忠文化完全解读为"忠君"思想。他的"君本论"受到封建统治阶级的热烈欢迎，后来被董仲舒加以改造，推行于中国古代封建社会两千余年。

4. 儒家忠说

儒家思想萌发于古代传统文化之中，在春秋战国时代由孔子阐发创立，最初主要强调司仪方面，后来逐步发展成为以"仁"为核心的思想体系。在汉武帝时期，经董仲舒改造后的儒家思想在"罢黜百家、独尊儒术"的文化变革中，一跃成为中国古代封建社会的主流意识形态，对中国、东南亚乃至全世界的文化发展都产生了极其深远的影响。

（1）孔子之忠

在儒家学派创始人孔子的言行重要辑录《论语》中曾提到"忠"字18次，较为分散地分列于15篇中，涉及《论语》四分之三篇幅。虽然孔子没有明确论述"忠"的内涵，但亦能从涉及篇幅窥见"忠"在孔子思想体系中的重要地位。仔细研读《论语》"忠"之精髓，可以发现孔子对处理人与人、人与社会的关系有一条主线，即讲求忠信、忠恕、忠事。

《论语》中有6个"忠信"，占该书总共"忠"字的三分之一，足见孔子特别注重"忠"与"信"的内在联系。他认为，忠信是立人之本，据《卫灵公》篇记载："子张问行。子曰：'言忠信，行笃敬，虽蛮貊之邦行矣。言不忠信，行不笃敬，虽州里行乎哉？立，则见其参于前也；在舆，则见其倚于衡也，夫然后行。'子张书诸绅。"由此可见，孔子强调士君子应当"言忠信，行笃敬"，将忠的主体范围扩大到普通民众之中。后世儒学经典都大力宣扬"忠信"思想，例如：《礼记》中"忠"字出现31次，以"忠信"形式出现的多达11处，占有关"忠"内容的35.5%。其后的"忠信"有了新的变化，被后世阐发为以下奉上的行为准则。

《论语·里仁》中记载了这样一段对话："子曰：'参乎！吾道一以贯之。'曾子曰：'唯。'子出，门人问曰：'何谓也？'曾子曰：'夫子之道，忠恕而已矣！'"众所周知，孔子思想的核心是"仁"，但在这段话中，孔子的学生曾子却将"忠恕"理解为"一以贯之"的孔子之道，足见"忠恕"在孔子思想中的重要地位，甚至可以等同于"仁"。孔子本人也对"恕"有过解释，"其恕乎！己所不欲勿施于人"，也即讲求克己。虽然在《论语》中孔子没有给定"忠"的明确内涵，但在《论语·颜渊》中"子曰：'克己复礼为仁。一日克己复礼，天下归仁焉'"的明确解释，联系前文孔子弟子认为的"忠恕"与"仁"基本同一的思想，那么"复礼"与"忠"则有莫大关系。在"礼乐崩坏"的时代，孔子之忠极可能意指要恢复长幼有序、尊卑有别的"仁义道德"之礼。

在孔子的思想体系中，我们找不到明确的"忠君"之说，但他强调"君使臣以礼，臣事君以忠"。"事君"即"忠于君之事"，指的是国事、民事，而不是宽泛地要求忠于君主的一切。"所谓大臣者，以道事君，不可则止"，意即大臣要按照道义去帮助君王做事，如果不能坚守道义就应该弃官不做；且他所强调的"事君"之忠是有条件的，要求君首先要"守礼"，臣下才能以忠事君，可见孔子并不提倡愚忠，也不仅仅关注私忠，甚而有公忠为本、私忠为表的倾向。

（2）孟子忠说

从《孟子》一书来看，战国时期的孟子较少谈到忠，忠字仅出现了8次，但作为儒家学派的重要代表人物，他更强调的是忠的精神内涵。其实，忠文化在孟子学说体系中仍有着重要地位，尤其是孔子的"忠信"文化，得到了更进一步地阐发。孟子非常重视"忠信"的作用，他认为"忠信"伦理道德

"可使制梃以挞秦楚之坚甲利兵矣"，这也将忠文化的适用范围由道德、政治进一步扩展到军事领域。

孟子进一步发展了孔子之忠的规范内涵，认为"义"是事君的原则。在《孟子·离娄上》中有"事君无义，进退无礼，言则非先王之道者，犹沓沓也"之言，认为忠是事君的态度，但不等同于绝对服从君主的命令，强调君臣之间应互相尊重。他曾对齐宣王说："君之视臣如手足，则臣视君如腹心；君之视臣如犬马，则臣视君如国人；君之视臣如土芥，则臣视君如寇仇。"强调君臣关系的对应性，要求忠诚对象君主必须要有德。他还认为"事君"应有更深层次的人生理想和政治追求，在《孟子·滕文公下》中曾谈到"士之仕也，犹农夫之耕也；农夫岂为出疆舍其耒耜哉？"，"古之人未尝不欲仕也，又恶不由其道。不由其道而往者，与钻穴隙之类也"，意即出仕做官也必须遵循一定的"道"，古代的君子因为无法在仕途上忠于自己的政治抱负而最终放弃为官。这实际上与《论语·里仁》中强调的"士志于道"是一致的，要求士为臣既要"忠君"，更要"忠道"，《孟子·尽心下》中甚至提出"民为贵，社稷次之，君为轻"的朴素民主思想。对于"忠"本身的含义，《孟子·滕文公上》中有"教人以善谓之忠"。孟子坚持性善论，认为教导他人遵从善道才可以称得上"忠"，而这个"人"应该指所有人，包括自己、国君、上级、亲友、民众等，这对忠的主体范围作了进一步拓展，将公忠与私忠更广泛地结合在一起，并且倾向于忠道为主，忠君为辅。

（3）荀子忠说

生活于战国晚期的荀子曾"三为祭酒"，对先秦诸子百家的学问颇为熟悉，便于在比较鉴别的基础上取精用弘。他以弘扬儒学为己任，将诸子百家思想精华逐步纳入儒学体系，成为战国时代的"最后一位大师"。

《荀子》一书大量用"忠",达75处之多,其中"忠信"27处。虽无明显"忠君"字眼,但其核心意思也是忠君,即言"忠"多及"君",其"忠"所涉对象基本限于"君"的范围。他率先打破了"儒者不入秦"的惯例,在秦国特殊的物质条件和风俗传统影响下,荀子的思想也带有明显的法家倾向。

荀子发展了忠的内涵:①将忠与顺有机结合。在《荀子·臣道》中有"从命利君谓之顺,从命而不利君谓之谄;逆命而利君谓之忠"、"敬而不顺者,不忠者也"等语句,意在强调"利君"顺"命"才能称之为忠。这种"忠即忠君"的思想,与孔子"事君以忠"、孟子"忠道"思想有明显差别,将中国古代忠文化进一步推向私忠深渊;②将忠与奸系统比照。在先秦典籍中,已有大量的"忠"、"奸"字眼,如《战国策·魏策》中有"凡群臣之言事秦者,皆奸臣,非忠臣也"这样明显的忠奸对比,但荀子对忠奸二者的对比研究更多也更加系统。《荀子·致士》中提出"奸言、奸说、奸事、奸谋、奸誉、奸愬莫之试也,忠言、忠事、忠谋、忠誉、忠愬莫不明通方起以尚尽矣"的要求;《荀子·臣道》"人臣之论"中将忠臣划分为圣臣和功臣,奸臣分为篡臣和态臣,并为这四类臣子都举出了实例,生动形象地对忠与奸进行了系统分析;③分层研究忠。荀子将忠分为"大忠"、"次忠"、"下忠"三个层次。《荀子·臣道》中谈到:"有大忠者,有次忠者,有下忠者,有国贼者。以道覆君而化之,大忠者;以德调君而辅之,次忠者;以是谏非而怒之,下忠也;不恤群之荣辱,不恤国之臧否,偷合苟容,以之持禄养交而已耳,国贼也。若周公之于成王也,可谓大忠矣;若管仲之于桓公,可谓次忠矣;若子胥之于夫差,可谓下忠矣;若曹触龙之于纣者,可谓国贼矣。"在这段话中,荀子认为:大忠应该"以道覆君",帮助国君成为有道之君,如周公之忠;次忠应该"以德调君",使国君言行有德，如管仲之忠；下忠指的是敢于直言，"以是谏非"而怒君，如伍子胥之忠；而曹触龙的行为则可以称之为国贼。虽然荀子在说忠时强调"道"、"德"、"谏"的作用，但也仅仅是从"利君"工具的角度来看待而已。由此可见，荀子思想忠君为体、忠道德为用，"忠惟事君"的私忠地位提高，在忠文化方面走向了孔孟之道的反面。

综上所述，忠文化在春秋战国时代，是在反复中曲折发展。在奴隶社会忠于君主的单一私忠观念逐渐瓦解的过程中，诸子百家的"忠信"、"忠道"、"忠君"思想登上历史舞台，甚至出现了朴素民主政治思想。在对"忠"的内涵范围进一步扩展解读中，由于战国末期社会政治历史条件的客观变化，法家忠君思想适应了新的集权统治需要，将战国时代多样化公忠私忠合一并行的忠文化迅速扭转到单一系统的私忠路线上。

（三）忠文化的封建定型与成熟阶段——公忠为表、私忠为本

以法家思想为统治思想的秦王朝的建立，标志着中国正式进入长达两千多年的封建社会。在高度集权的封建专制制度下，忠文化也逐渐由多样化转入了单一系统化阶段，为封建专制社会秩序的建立和稳定提供理论服务。为适应奴役愚昧民众的需要，封建统治阶级将改造后的私忠主流文化自上而下大力推行，遂使以私忠为主线的忠文化成为中国社会普遍信奉的教条之一。从以下几个典型历史时期来研读封建忠文化的发展趋势：

1. 秦朝忠文化——私忠、愚忠

公元前221年，秦灭六国，结束中国自春秋以来长达五百年的分裂割据局面，建立中国历史上第一个统一的、多民族的、中央高度集权的封建帝国。地主所有制经济的发展和郡县制政权结构的牢固确立，都决定了古代忠文化

进一步发展的封建特征和历史方向。

推崇法家思想的秦王朝，虽焚书坑儒，但并没有舍弃忠文化。相反，法家的商鞅、申不害、慎到都对忠进行了有所侧重的深入研究，尤其是慎到和韩非，对忠论述颇多。但二者对忠的态度却不同，慎到在《慎子·知忠》中认为"忠盈天下，害及其国"，而后来的韩非却一再强调"三顺"，要求对君主绝对忠诚。可见，在社会政治经济发展的不同历史时期，对忠文化的发展要求也不同。

秦朝建立后，秦始皇于公元前219年东巡，在"琅琊台"一文中有"端直敦忠"一语，作为君主，他很明显是要求臣民忠于自己，这是中国历史上最高统治者倡导甚至命令臣民忠于自己的首次宣言。在秦始皇的提倡督导下，统治阶级的其他成员也十分重视忠在社会政治生活中的重要地位。法家思想重要代表人物李斯借用"忠"的政治地位，在与太子扶苏、大将军蒙恬的权力斗争中取得重大胜利。《史记·李斯列传》中以"夫忠臣不避死"自诩的李斯，在秦始皇撒手人寰后与赵高同流合污，以"为人臣不忠，其赐死"的借口除掉了政治对手蒙恬，可见私忠在封建社会政治生活中至高无上的地位。当李斯被秦二世下狱后，对私忠有所反思，"不道之君，何可为计哉！昔者桀杀关龙逢，纣杀王子比干，吴王夫差杀伍子胥。此三臣者，岂不忠哉，然而不免于死，身死而所忠者非也。今吾智不及三子，而二世之无道过于桀、纣、夫差，吾以忠死，宜矣"①。他认为自己所忠诚的对象"非也"，对君主的个人素质有所感慨，但仍然坚持认为"以忠死"，死得其所。可见当时的忠文化已经定型为"忠君"，并开始走向愚忠，私忠在忠文化发展中已经处于主流地位。

---

① 许嘉璐主编：《二十四史全译·史记第二册》中《史记卷八十七·李斯列传第二十七》，汉语大词典出版社2004年版，第1124—1125页。

2. 两汉时期忠文化

西汉初年,信奉"黄老之学",讲求"无为而治",与民休养生息;自汉武帝始,"罢黜百家,独尊儒术",两汉时期的文化自此逐渐稳定。忠文化亦经历了这样一个过程,我们可以从三个不同历史时期的代表思想来剖析忠文化在两汉时期的大致发展历程:

(1) 贾谊忠说

贾谊生活于西汉初年,当时文帝推行"无为而治",主张与民休养生息,更多地关注民间疾苦。在此时代背景下,贾谊《新书》对忠文化有了全新阐释,此书用"忠"字达54处。他鲜明地提出"忠君子者,无以易爱民也"、"君子不得民,则不能称矣",将忠的内涵进一步阐发为"爱民",继承发展了孔孟忠道。他在《过秦论》中反思了秦朝灭亡的原因,认为其"仁义不施而攻守之势异也","与民为敌者,民必胜之",进而在《大政上》中强调"夫民者,万世之本也,不可欺"的民本思想。他将忠从法家单一"忠君"的私忠桎梏中解放出来,提高了公忠地位,极大地丰富和发展了中国古代忠文化。

(2) 董仲舒忠说

由于汉初推行"黄老之学"、"无为而治"的政治方略,社会安定,生产逐渐恢复。平定七国之乱后汉王朝皇权高度集中,到董仲舒生活的武帝时期,国富民强,最高统治者逐渐变"无为、无欲"为"有为、有欲"。董仲舒将儒家学说加以改造以顺应统治者需求,汉武帝遂"罢黜百家,独尊儒术",儒家文化自此成为两千年来封建王朝的正统思想。董仲舒对君权作了全新阐释,对忠文化的封建定型起了重要作用:①说文解字式地阐释忠的含义。中国汉字属于象形文字,字的构造写法都有一定的具体内涵。关于"忠"字,董仲舒《春秋繁露·天道无二第五十一》中有

"心止于一中者，谓之忠；持二中者，谓之患；患，人之中不一者也，不一者，故患之所由生也"的说法。他认为心只有"一中"才是忠，这样一个中心意指封建帝王，要求只对君主尽忠，从文字构造角度阐述他的忠君思想；②借天人感应说明确忠诚对象。封建社会生产力水平低下，人民群众普遍信奉鬼神。董仲舒刻意将君主与天联系起来，借助当时流行的阴阳五行学说，对君权取得作了神秘化解释。他在《春秋繁露·五行对》中谈到"故下事上，如地事天也，可谓大忠矣"、"忠臣之义，孝子之行取之土"，强调"天"对自然、社会的主宰作用，要求臣民必须具备"土"对"天"的"忠"德，像"土"侍奉"天"那样忠诚于"天"的儿子——封建帝王；③用"三纲五常"丰富发展忠的内涵。三纲、五常这两个词来源于董仲舒所著《春秋繁露》一书，被后世尊崇为中国封建社会的基本教义。董仲舒将先秦时代的"三顺"、"五伦"加以改造，提出"三纲"即"君为臣纲、父为子纲、夫为妻纲"，"五常"即"仁、义、礼、智、信"。旨在要求妻忠诚于夫、子忠诚于父、臣子忠诚于君主，从而在全社会建立起等级森严的封建道德伦理秩序，将私忠推向了无以复加的崇高地位，封建社会忠文化自此基本系统定型。

（3）马融忠说

忠文化自汉武帝时期经董仲舒改造定型后，经过两百多年的检验、调整、充实、完善，日益系统化、大众化。东汉初期的马融仿照《孝经》模式作《忠经》，全面系统地对忠文化进行了深入探讨。《忠经》共分十八章，第一章《天地神明章》主要阐述忠的性质、地位、作用；第二章《圣君章》、第三章《冢臣章》、第四章《百工章》、第五章《守宰章》、第六章《兆人章》、第八章《武备章》是马融按照不同社会角色来划分不同人群所各自对应的忠；第七章《政理章》、第九章《观风章》、第十章《保孝行章》、第十一章《广为国章》、第十二章《广至理章》、第十三章《扬圣章》分别从不同方面来发掘忠的内涵和要求；第十四章《辨忠章》、第十五章《忠谏章》、第十六章《证应章》、第十七章《报国章》、第十八章《尽忠章》谈到了分辨忠的方法、忠谏的途径以及忠的社会愿景。详细来看：

①忠的性质、地位、作用。关于忠的性质，马融在《忠经·天地神明章第一》中指出，"忠者，中也，至公无私"，强调的是不偏不倚、执中无私，与以往理论家的解释显然不同；并且，他认为"天之所覆，地之所载，人之所履，莫大乎忠"，将忠定位为天地间之最大义。在《忠经》中，马融还明确了"忠"的价值，即"为国之本，何莫繇忠？忠，能固君臣，安社稷，感天地，动神明"，"身一则百禄至，家一则六亲和，国一则万人理"，强调忠文化对个人成长和社会发展的重要作用。

②按身份划分忠的不同内涵。马融按照主体的不同社会角色，提出了不同的具体忠诚要求。他认为忠具有普遍适用性，并非专为某一社会阶层设计，可以分为以下忠诚类型：第一，君主之忠。虽然早在周朝就曾提出"以德配天"的政治口号，但是马融之前的学者对君主之忠的确很少论及。马融在《忠经》中专辟一章探讨君主之忠。他提出"自下至上，各有尊也"，君主要"上事于天，下事于地，中事于宗庙"，才能"敬德"、"明德"，"以圣德监于万邦"。第一次鲜明提出君主应忠诚的对象，进一步扩大了忠文化的主体范围；第二，冢臣之忠。在明朝废丞相一职前，封建社会冢臣典领百官，辅佐皇帝治理国政，几乎无所不统，处于"一人之下，万万人之上"的特殊政治地位，故而冢臣之忠至关重要。《忠经·冢臣章第三》开篇谈到"为臣事君，忠之本也，本立而后化成"，并且给出冢臣之忠的标准"在乎沈谋潜运，正国安人，任贤以为理，端委而

自化,尊其君有天地之大、日月之明、阴阳之和、四时之信";第三,百工之忠。《忠经》中谈到"君子之事上也,入则献其谋,出则行其政,居则思其道,动则有仪,秉职不回,言事无惮,苟利社稷则不顾其身。上、下用成,故昭君德,盖百工之忠也"①。可以看出,马融认为百官应该忠于君主、职责、社稷,而不是完全地愚忠君王,强调了公忠和私忠并重。第四,守宰之忠。《忠经·守宰章第五》主要探讨地方官之忠,要求地方官"在官惟明,莅事惟平,立身惟清","视君之人,如观乎子,则人爱之,如爱其亲,盖守宰之忠也"。这里似乎强调守宰之忠仅是爱民如子,其实不然,此处爱民的前提是民为"君之人",也就是说爱护那些拥护君主的老百姓才算得上是忠,其实质依然是忠君;第五,兆人之忠。《忠经·兆人章第六》专门探讨普通民众之忠,认为"祗承君之法度,行孝悌于其家,服勤稼穑以供王赋,此兆人之忠也",意即遵守国家法律、孝敬父母、勤于生产、缴粮纳税就是百姓之忠,其核心是忠于封建政权和君主;第六,武备之忠。《忠经·武备章第八》中强调"统军之帅,仁以怀之,义以厉之,礼以训之,信以行之,赏以劝之,刑以严之",然后"师尽其心,竭其力,致其命,是以攻之则克,守之则固",这就是"武备之道",其实质是要求效忠君主维护封建国家政权。

③拓展对忠的认识和理解。《忠经》后五章进一步拓展了对忠的具体表现的认识和理解。《保孝行》、《广为国》、《广至理》、《报国章》这四章强调君主应当选贤任能,顺从民意;臣子应当"贡贤、献猷、立功、兴利"以利于国家;个人应当具备"忠孝二德,人格最要之件也",在忠孝二者之间要"孝者必贵于忠",强调忠大于孝。在《政理章》、

---

① 马融撰,孔子著:《忠经·孝经》之《忠经·百工章第四》,吉林摄影出版社2003年8月版,第11页。

《观风章》、《扬圣章》、《辨忠章》、《忠谏章》、《证应章》、《尽忠章》这七章中,马融主要阐述臣子必须"观风"体察民情,然后"忠臣之事君也,莫先于谏";而君主必须"明王为国,必先辨忠",然后假托天人感应,宣扬仁义道德去教化百姓,最终达到"天下尽忠,淳化而行也"的理想境界。

马融《忠经》对东汉及之前的中国古代忠文化作了系统总结和详尽阐发,在有所扬弃的基础上进一步丰富和发展了对忠文化的含义、主体、客体、实现途径、发展目标等的认识和理解,既包含有公忠思想,又坚守私忠主线,将中国古代忠文化的发展推向了成熟阶段,对后世历代封建王朝的行政文化影响极其深远。

(四)忠文化在曲折中缓慢前行——私忠为本极端化发展

中国古代忠文化自萌发以来,经历了由公忠到私忠,再到公忠、私忠的激烈博弈,直至秦汉时期私忠为本、公忠为辅的定型。后世封建王朝虽各有损益,但私忠为主、公忠为辅的发展主旋律未曾改变。直到封建社会末期,由于资本主义民主思想的传播,私忠在中国封建社会的绝对支配地位才有所动摇。

东汉政权覆没以后,中国古代社会进入了长达三百多年的第二个大分裂时期。魏晋南北朝时期,大一统政权不复存在,社会步入新的混乱时局,主流文化地位严重削弱,各种社会思想趋于活跃,忠文化从中汲取营养取得了进一步发展:政治上,"忠"谥获得广泛应用;文学上,忠文化对社会的影响在文学作品中得到了适当反映;社会上,忠文化已经具备了相当深厚的群众基础,逐渐成为一种自觉的道德行为规范。

隋唐时期，国家实现了新的大一统。封建法制在这一时期取得了长足进步，从隋朝《开皇律》强调的"十恶"不赦具体罪名中，亦可从法律层面窥见忠文化在当时社会政治生活中的重要地位。有关处于中华法系鼎盛时期的唐王朝，后人评述其"大抵事关典礼及风俗教化等事，唐律均较明律为重"，可见包括忠在内的封建伦理秩序在唐律中处于相当重要的地位；我国古代文明瑰宝——唐诗中也大量使用"忠"字，可以推断忠文化已经成为通行于社会上下的大众文化。

宋王朝封建专制和中央集权制度进一步完备，重文轻武的统治者心态，加之理学兴起，为忠文化进一步发展创造了新的条件。宋朝民众已把"忠君"、"报国"等儒家伦理纲常转化成道德义务，自觉履行儒家经典所要求的包括"忠"在内的各种道德规范。至此，忠文化在中国古代社会发展到巅峰状态。两宋期间出现了很多典型的"忠"例：北宋抗辽忠臣杨业一家，满门忠烈，《杨家将》故事至今广为流传；背刺"精忠报国"，在北伐中因高宗猜忌而冤死风波亭的抗金名将岳飞，更是将公忠、私忠集于一身的典型；南宋抗元重臣李庭芝在谢太后和宋恭帝已经投降元朝，并亲发诏书命令其弃城投元的情况下，依然坚守扬州保卫人民，直至最终势竭力穷方英勇就义，可见其忠不限于一君一朝。总而言之，宋朝的特殊经济地位、文化发展氛围以及特定的国家生存环境，都为忠文化的发展提供了重要条件，促使中国古代忠文化在宋朝发展至鼎盛阶段。

元朝建立后，自忽必烈起历代统治者都比较重视汉法儒学，传统忠文化有一定的生存空间。但是，由于元朝更加注重世俗文化和蒙古传统，并且推行"分族治之，蒙汉异法"的统治政策，对传统封建伦理道德秩序事实上有所践踏否定，这在某种程度上导致了古代忠文化的极端化发展。

朱元璋在"驱除胡虏，恢复中华"的响亮口号和实际行动中，通过艰苦卓绝的政治军事斗争，覆灭元朝建立了新生的明政权，中国古代文化再次进入封建集权政治高压下的正统时代。由于封建专制皇权已经达到巅峰时期，对思想文化领域的钳制日益严重，朱元璋在"贬孔"不成又"逐孟"的情况下，认为孟子诸如"民为贵，社稷次之，君为轻"的思想危害了封建专制政权，强令删节《孟子》一书，并且科举考试不得以之为题。八股文风流毒甚远，致使私忠文化在明朝体现得淋漓尽致，忠文化在私忠主线上取得一定发展。

清朝初年奉行"详译明律，参以国制"、"尚德缓刑"，基本延续了明朝高度专制集权历史条件下私忠的绝对支配地位。不仅如此，满族贵族为了巩固清政权，采取了更加恶劣的愚民和文化专制政策，大兴文字狱，用满族文化改造清朝民众的言行，并且坚决执行海禁政策，让封建中国与世界几乎隔绝，导致中国政治、经济、文化严重落后于西方。忠文化彻底走进腐朽没落的黑暗时代，愚昧式的私忠完全占据了清朝忠文化的思想阵地。封建清王朝末期，逐渐传入了资本主义"民主、平等、自由"思想，为中华传统文化注入新的活力，忠文化也开始了一段新的发展历程。

纵观中国古代社会：原始社会时期朴素公忠发源；夏商西周奴隶社会时期私忠逐渐占主导地位，在春秋战国时期公忠、私忠并行发展；自秦汉起逐渐定性成熟为"公忠为表，私忠为本"的合一发展主线，两宋时期中国古代忠文化的发展达到巅峰；元明清时期传统忠文化在政治高压下走向极端，及至清朝末年西方民主思想传入才使公忠地位有所提升。可见，中国古代社会忠文化的发展历程呈现出"公忠、私忠合一"的鲜明历史特征。

二、崇尚公忠：西方社会公忠观的基本追求

西方文明发展源远流长、包罗万象，在众多国家的文明史中可以循到忠文化的发展脉络。由于西方社会独特的物质技术条件和传统习俗文化，西方忠文化与中国忠文化必然有一定的差异，尤其是在忠文化发展过程中所体现出来的主要特征上。西方社会忠文化的发展，并没有呈现出中国古代社会那种由"公忠—私忠—私忠、公忠共存—私忠为本，公忠为表—私忠绝对化"的公忠、私忠合一的发展历程，而是"朴素的公忠—公忠为主"的简单发展路线。

（一）西方忠文化的萌芽时期——忠诚于集体、城邦

原始社会的蒙昧时代，"人民少，而禽兽众"，自然力的强大促使弱小人类群居而生存发展。在没有出现私有制的社会里面，人们集体劳作、平均分配，依赖集体、热爱集体，自然产生了对集体的朴素忠诚观念。虽然没有相关史料直接证明，但根据马克思历史唯物主义社会存在和社会意识辩证关系原理，可以基本推断出，在原始社会西方忠文化亦处于蒙昧阶段。

西方奴隶社会时代的典型政权形式是古希腊和古罗马。古罗马强调集权，要求臣民忠诚于君主，而古希腊的分散城邦却为民主的产生奠定了客观物质基础。古希腊神话中就有天后赫拉因感念巨蟹忠诚于使命而将其置于天空成为巨蟹星座的传说。希腊人在城邦制的民主国家政权中较早地萌发了忠的观念，这个时候忠的对象主要是城邦。据史料记载，古希腊政权经历了"君主个人统治——贵族集体统治——全体公民集体统治"的历史演变，这

就使古希腊忠文化由忠于城邦逐渐加入了忠于人民的因素,这种公忠观念在古希腊文明中得到进一步发展壮大。而此时的古罗马政权,正沿着中国古代奴隶社会的步伐前进,忠于君主的私忠倾向极为明显,西方忠文化在此出现了不同的发展倾向。

(二)西方忠文化初步发展期——忠诚于国家、法律、民主

从西方奴隶社会的典型形态古希腊政权来看,似乎有这样一条规律:古希腊公忠文化,因城邦的诞生而兴起,因城邦的兴盛而达到巅峰,又因城邦的没落而逐渐衰微。由此可见,古希腊城邦政治与公忠文化休戚相关。我们循着古希腊的辉煌思想进程,或许能窥见古希腊忠文化的某些重要特征:苏格拉底是古希腊著名哲学家,一生并未留下存世著作,但没有人能否定他在古希腊思想史上的重要地位,他的最后人生经历也许能为我们掀开古希腊忠文化的第一层面纱。在雅典恢复奴隶主民主制后,他被雅典法庭以藐视传统宗教引进新神和腐蚀雅典青年思想的罪名判处死刑,尽管曾有逃亡的机会,但他仍选择接受当时政府判处的刑罚,最终饮下毒堇汁而死。因为他认为逃亡只会进一步破坏雅典法律的权威,他用生命谱写了一首人们忠诚于国家和法律的赞歌;柏拉图进一步发展了苏格拉底的忠思想,在《理想国》中他借助苏格拉底的谈话首次提出了"正义"问题,认为"在哲学家成为城邦的统治者之前,无论城邦还是公民个人都不能终止邪恶"的其他三种政制,导致"民主政制"也不能实现,进而指出人类的真正出路在于拥有高超智慧、真实知识、完美德行的哲学家掌握政权,才能"让我们永远走向上的路,追求正义和智慧",可见柏拉图要求忠诚于民主、知识和正义;柏拉图的学生亚里士多德在《政治学》著述中更加明确地指出,行政人员任用的首要条件是

必须效忠于现行政体,并且还必须具备适合于该政体的善德和正义。他还进一步强调"恰当的法律可以拥有最高的权力;某一官员或某一些官员只是在法律无法详细涉及的事情上起裁决作用",认为法律的权威具有最高性,暗示行政人员应该忠诚于法律。另外,他还论及统治者的个人素质,认为"我们也得注意到一个统治者的心中仍然是存在着通则的。而且[个人的意旨虽说可以有益于城邦],凡是不凭感情因素治事的统治者总比感情用事的人们较为优良。法律恰正是全没有感情的"①。总的来看,西方奴隶社会忠文化在典型领域延续公忠主流路线,并且从现行城邦基础上产生的民主政体汲取营养,从而进一步系统化、理论化。

(三)西方封建中世纪忠文化曲折发展期——忠诚于教皇、君主、国家

西欧中世纪时期,现代人文主义者习惯把这段约九百年的历史称为古典文化史上发展停滞的"黑暗的时期"。西方中世纪的主要流行宗教是基督教,罗马帝国于公元313年颁布米兰敕令正式承认基督教的合法地位。公元476年日耳曼人灭亡西罗马帝国后并没有动摇基督教的地位,反而不少日耳曼部族如法兰克人纷纷开始皈依基督教。由于日耳曼人的文化水平比罗马人低,甚至连自己的文字也没有,当时几乎只有教士和修士才能读书识字,所有的学者都是教会人士,于是教会便成了中世纪时期西欧的唯一学术权威。正因如此,西欧开始进入黑暗的宗教迷信时代。正如奥古斯丁在他的"双城之说"中表达的那样:人们不再像古代城邦社会的公民那样视国家为追求最高的善的社会组织,并把全部的忠诚献给国家,人们已从信上帝起开始了对

---

① [古希腊]亚里士多德:《政治学》,吴寿彭译,商务印书馆1965年版,第178页。

国家的疏远。①在禁锢人们思想的基督教神学笼罩下的西方中世纪，既要求人们要服从上帝的权威，又要求人们服从政府的权力。而在现实的政治生活中，教会和王权的博弈关系引发了教皇派与国王派无休止的明争暗斗，大致经历了"教会权从属于王权——教会权凌驾于王权之上——教会权走向衰落和专制王权崛起"这样一段特殊过程，这决定了中世纪忠文化只能在教会和王权的双重高压下畸形发展，忠诚游离于教皇和君主之间，但可以肯定的一点是忠诚于国家处于相对次要地位。这一时期主要强调对教皇、君主的私忠，而对国家的公忠则处于次要地位，一改中世纪以前以公忠为主、私忠为辅的忠文化历史传统，致使西方忠文化在长达九百年的中世纪黑暗时代中缓慢发展。

（四）资本主义文艺复兴、启蒙运动时期——忠诚于国家、君主、人民

14、15世纪的欧洲，商品经济进一步发展，在地中海沿岸和西北欧的一些地区相继出现了资本主义萌芽。伴随着物质经济条件的新变化，资本主义文艺复兴运动于13世纪末兴起于意大利城市，逐渐扩展至西欧各国，并于16世纪成为盛行欧洲的一场影响深远的思想文化解放运动。文艺复兴的斗争矛头指向宗教神权，将人们从宗教神学的枷锁中解放出来。意大利政治学家马基雅维利在《君主论》中论及君主用人能力时，强调君主要选择对自己忠诚而又有能力的人。实际上，他意在强调只有忠诚于君主的人才可以成为行政人员，而对忠诚于教皇采取漠视甚至排斥态度。文艺复兴时期的另一位政治学家洛克在《政府论》中层层批判君权神授论，他指出"世上的任何一个种

---

① 浦兴祖、洪涛：《西方政治学说史》，复旦大学出版社1999年版，第120页。

族或家族，都不能声称自己就是亚当的长房后裔而拥有继承权"；并且着重论述了政府的来源、职能、解体以及依法行政等问题，逐渐形成更加理性的行政忠诚文化。他的"权力信托"理论谈到"政府权力是每个人交给社会的他在自然状态中所有的权力，由社会交给他自己设置的统治者，附以明确的或默许的委托，即规定这种权力应用来为他们谋福利和保护他们的财产"①，意即强调行政人员的最高忠诚准则应当是忠诚于给予政府权力的人民。

  17、18世纪，资本主义经济进一步发展，资产阶级力量不断壮大，他们迫切要求获得与经济地位相称的政治地位，资产阶级民主革命风起云涌。起源于英国，盛行于欧洲，以法国为中心的资本主义启蒙运动将矛头直接对准封建专制，用政治自由对抗专制暴政，用信仰自由对抗宗教压迫，用自然神论和无神论来摧毁天主教权威和宗教偶像，用"天赋人权"的口号来反对"君权神授"的观点，用"人人在法律面前平等"来反对贵族的等级特权，要求建立一个以"理性"为基础的资产阶级民主政权。孟德斯鸠在《论法的精神》上篇中将政治体制划分为共和、君主、专制，认为在实行民主政治的共和政体下"有一条基本规律，就是只有人民可以制定法律"，他运用精辟的论断和绝妙的笔法鞭挞封建专制主义的罪恶，起到了警醒社会和民众的积极作用。他在《论法的精神》第十一章"规定政治自由的法律和政治关系"集中谈到了"三权分立"的思想，适应了新兴资产阶级参与政权的需要。他认为国家权力分为立法权、司法权和行政权，这三种权力必须掌握在不同机构的手中，如果同一批人同时执掌两种权力，这两种权力就没有相互制约；同一个机构同时掌握两种甚至三种权力必将导致公民政治自由的丧失，带来灾难性后果。有"法兰西思想之王"之称的伏尔泰，尖刻地抨击天主教会的黑暗统治，将教皇比作"两只脚的禽

---

① [英]洛克：《政府论》下篇，叶启芳、瞿菊农译，商务印书馆1964年版，第109页。

兽"，把教士称作"文明的恶棍"，并说天主教是"一些狡猾的人布置的一个最可耻的骗人罗网"。他号召"每个人都按照自己的方式同骇人听闻的宗教狂热作斗争，一些人咬住他的耳朵，另一些人踩住他的肚子，还有一些人从远处痛骂他"，将斗争锋芒直指宗教神权。伏尔泰信奉自然权利说，认为"人们本质上是平等的"，要求人人享有"自然权利"，主张在法律面前人人平等，他把英国的君主立宪制理想化了，认为最理想的是由"开明"的君主按哲学家的意见来治理国家。卢梭在《社会契约论》中详尽地阐述了自己的政治观念，他认为人生而平等自由，享有"天赋人权"，他强调"要寻求一种结合的形式，使它能够以全部共同的力量来防御和保护每个结合者的人身和财富；而同时又使每一个与全体相联合的个人只不过是在服从自己本人，并且仍然像以往一样自由"，而这个方式就是订立"社会契约"——由共同体各个成员之间加以确定，而不是在上者和在下者之间的一种规定。每个人都将自己的权力奉献给国家，全体人民通过订立"社会契约"构成一个"大我"，这个"大我"的共同意志就是"公意"。因而，人民的全体就是主权者，人们在遵守法律时就是遵守他们自己的意志，政府只能按照全体的意志行动，受人民的监督。综上所述，启蒙运动时期，人们更加激烈地反对宗教神权和封建专制，认为人生而平等，国家权力是由人民让渡的，人民才是国家主权所有者。这标志着中世纪私忠文化的主导地位土崩瓦解，公忠文化再次成为西方忠文化的主流，为近现代以公正为核心的忠文化的形成奠定了理论基础。

（五）工业革命时期——忠诚于政治、行政以及组织

在工业革命早期，"组织理论之父"韦伯就认为服从能给人们带来利益以及对合法性权力的信仰，而这种合法性塑造了一种下级服从与尊重组织

指挥的稳定模式。韦伯将政治统治划分为三种类型："传统的"、"超凡魅力的"、和"法制的"，他认为建立在"历来就存在的"神圣的统治权力制度基础之上的"传统型"统治中，由于被统治者的物质生活、职位升迁都由统治者控制，所以他们必须服从统治者，而不是遵从制订好的规章细则；在被召唤者的魅力资格基础上，依照领袖的直觉加以选择形成行政管理阶层的"超凡魅力"型统治中，人们不是因为传统或条律而服从领导，而是对魅力领导者怀有信仰，这种效忠仅针对魅力领袖本人及其所具有的素质；韦伯认为在三种统治类型中只有"法制型"组织的典型形态——官僚组织，才是既符合理性精神又具有合法权力的现代组织形式，在这个理想型组织中，行政忠诚的表现是竭心尽力地为客观的非个人组织和组织目标服务。总的来看，行政人员从恭顺的"仆从"到狂热的"信徒"，最后发展为具有理性精神的"下级"，深刻反映了行政忠诚从私忠走向公忠的光辉历程。

工业革命发端于英国，于19世纪传入北美，美国工业因此而逐渐壮大起来，少数大工业资本家为了谋求自身的政治经济利益，借用手中雄厚的经济实力影响操纵议会决策，立法权威望的下降致使相对独立的行政力量日益得到重视，间接促进了美国行政科学的发展。美国著名的行政学创始人伍德罗·威尔逊在其《行政学研究》中明确赞成德国著名政治学家布隆赤里的观点："政治是政治家的特殊活动范围，而行政管理则是技术性职员的事情"，将政治和行政明确区分，这种理论背景下的行政忠诚不再局限于单纯的对行政事务的忠诚，还需要对政治的忠诚。美国另一位著名政治学家古德诺在《政治与行政》中提出"政府表达国家意志的活动就是'政治'，而政府执行国家意志的活动就是'行政'"的著名理论，对政治与行政二分法作了进一步阐述；同时，他还指出"如果不是对政党有这种坚定的忠诚，我们的政府早会被一群组织涣散、各行其是、无法无天的官员所充斥"，强调了政党在政治生活中的作用，要求行政人员忠诚于政党组织。

（六）二战后至今行政忠诚新发展时期
——忠诚于自由、组织、公平、正义、人民

20世纪40年代到60年代是公共行政学进一步发展的历史时期，美国行政学家巴拉德在阐释组织三要素理论时强调协作意愿是组织的必要条件，不能靠强制来培养协作意愿，而是要在思想上号召忠诚、团结以及对组织目标的信仰。由此可见，他强调要忠诚于自由，才能更好地协作从而实现组织的总目标。诺贝尔经济学奖获得者、世界著名博物学家赫伯特·A·西蒙指出人类行为的一个普遍特征就是"一个团体的成员，总是倾向于把自己同那个团体等同起来，以那个团体的代表自居"，管理者要充分利用成员对组织的忠诚认同将他们的注意力集中到有限的价值要素之中，才能更好地为组织目标服务，强调成员对组织的忠诚认同。

20世纪70年代末，以英美为代表的西方资本主义国家深陷社会、政治和经济的多重危机，已不能适应垄断资本主义发展新阶段的传统政府管理模式亟待改革。与之相适应，公共行政领域发起了一场新的公共行政学运动。美国著名的行政学家弗雷德里克森在《走向新公共行政》一文中首次把"社会公平"的价值引入公共行政，进而否定了行政管理人员的价值中立，赋予他们改革那些在制度上、功能上妨碍社会公平的政策以及政府行政管理体制的历史使命，承担起实现公平正义的社会责任。新公共行政学力图摒弃传统行政的权威主义和以效率为中心的取向，试图建立以公平正义为中心的民主行政；强调政治与行政的连续性，将道德价值概念注入行政过程，将社会公平注入传统的经济与效率目标；强调政府公平，对公众负责而不是对公共机构

负责，以及公共项目应当对决策和执行负责；强调公民参与、政策制定、相关控制、分权授权、组织发展、顾客至上和民主工作环境。

由此可见，新公共行政运动将传统行政学从单纯强调效率和经济的泥沼中拯救出来，更加注重社会公平正义，思考公共行政的价值和信仰问题，政府的伦理、诚信、责任问题日渐成为公共行政强调的重点。与此同时，新公共行政学强调的社会公平为行政忠诚指出了它最合理的实践路径：只有重视行政人员的德性修炼，增强其行为自主性，建立完善的责任机制，使行政人员忠诚于自己的良心，忠诚于健康的组织，忠诚于广大的人民。[①]只有这样，才能使行政人员与组织同发展，使人民和社会更进步。

三、以公正为核心的公忠：现代行政公忠观的共识及形成

对中国古代和西方社会忠文化的历史考察，让我们清楚地认识到二者在内涵、忠诚对象、忠诚主体以及发展主线等方面的差别。西方近现代公共行政学的兴起，更加强调对协作、公平、正义的尊重，从而为公忠文化的发展注入了新的活力。

（一）中西方忠文化比较及价值判断

由于物质技术诸如交通、通讯条件的限制，以及自然经济条件下的闭关锁国政策，中国古代社会与西方世界近乎隔绝，偶有的丝绸之路、南宋海

[①] 李建华、李好：《中西方行政忠诚的思想渊源及其比较分析》，《船山学刊》，2004年第4期，第93页。

上贸易以及明朝郑和下西洋等交流活动，也局限于各取所需的经济往来；玄奘西行、鉴真东进也仅是宗教文化的交流片段；纵观整个古代社会，中西方政治文化的交流甚为罕见，中西方忠文化发展主线的巨大差异也就在所难免了。因此，有必要系统比较中西方忠文化，从理论层面和实践需求中寻找二者异同，有鉴别地继承发展中西方忠文化。

1. 中西方忠文化简要比较

在人类文明发展的历史进程中，中西方忠文化在各自特定的历史条件和文明传统下发展了几千年，二者确有相似之处，如忠文化都发源于原始社会，都曾呈现出私忠、公忠色彩等，但更多的是中西方忠文化在发展主线、忠诚主体、忠诚对象、忠诚环境等方面所表现出来的较大差异。具体可从以下几个方面来探究：

（1）忠文化发展主线的差异

在考察了中西方忠文化发展的历史过程后，我们可以将二者的发展历程作如下简单归纳：在古代中国，忠文化的大致发展过程是"忠于集体（原始社会）——忠于君主（夏商西周春秋）——忠于君主、道德（战国）——忠于君主（秦）——忠于君主及百姓、国家（两汉）——忠于君主（魏晋南北朝、隋唐）——忠于君主及百姓、国家、义理（两宋）——忠于君主（元明清）"，体现出中国古代忠文化源自原始朴素公忠观念，后公忠、私忠并行发展，最终定型为"私忠为本、公忠为表"的典型私忠；而西方忠文化呈现出来的历史进程大致是"忠于集体（原始社会）——忠于城邦、国家、法律（奴隶社会）——忠于君主、教皇、国家（中世纪）——忠于君主、国家、人民（文艺复兴、启蒙运动时期）——忠于政治、行政、组织（资本主义工业革命时期）——忠于自由、组织、公正、公民（二战后至今）"，可以看出同样源起朴素公忠观的西方忠文化在历史进程中基本上都是在不断丰富公忠文化内涵，除了在中世纪曾短暂出现明显私忠特征外，几乎一直延续公忠文化发展主线，公忠可以说是西方忠文化的基本价值取向。

（2）忠诚主体的差异

如前所述，中西方忠诚主体的差异性特征始于奴隶社会时期。中国的奴隶社会与西方古希腊时期的奴隶社会呈现出不同的政权组织形式。在《尚书·禹贡》中有最早的"九州"记载，相传夏禹治水时将天下分为"九州"，后设"九牧"作为"九州之长"管理地方；根据《史记·夏本纪》有关"六卿、六事之人、左、右、御"等官职及夏桀"召汤而囚之夏台"的记载，可以推断出夏朝作为中国历史上第一个奴隶制王朝已经建立了一整套体系完备、等级森严的行政官僚体制。这种体制强调奴隶主对奴隶及其他财产的完全所有，以家族血缘关系为前提的宗法制政权中，统治者抱着"普天之下，莫非王土；率土之滨，莫非王臣"的心态把大国变成了小家；"家国同构"、"君国一体"的情况下，臣民个人只能成为君国附庸，忠文化也因此产生了绝对忠诚于君主的私忠观念。

古希腊奴隶社会主要采取的是相对松散的城邦制，城邦拥有一定的主权，这就决定了整个国家的政权不可能完全高度集中于某个家族或者某个人手中。虽然当时的人们对城邦有一定程度的依赖，但城邦毕竟是集体组织，内部依然具有相对独立性；并且人们普遍认为只有小家才能组成大国，强调个人本位主义。正如古希腊哲学家亚里士多德认为的那样，"国家的产生完全是一个自然演化的过程：从男女两性结合组成家庭，到若干家庭组成村坊，最后由若干村坊形成城邦国家"[①]。这种现实政治基础和普遍共识只会进一步促使公忠文化的发展。

---

① 张乃根：《西方哲学史纲》，中国政法大学出版社1993年版，第36页。

在忠文化的分水岭时期，中国的忠诚主体日益成为君国附庸，而西方的忠诚主体却在相对独立自主地忠于国家、城邦、组织的道路上渐行渐远。

（3）忠诚对象的差异

从马克思唯物辩证法角度来看，忠诚主体和忠诚对象对立统一于忠文化之中，有什么样的忠诚主体就会有什么样的忠诚对象与之相对应。中国古代社会从"天罚神判"、"以德配天"到"天人感应"的这一系列君权神授思想，最终铸就了君权至高无上的地位，进一步宣扬"唯天子受命于天，天下受命于天子"思想，忠诚对象不自觉地单一为君主个人。这种忠诚关系后来进一步绝对化为"君要臣死，臣不得不死"，大臣尚且如此，更何况普通民众。因此，中国古代社会的实质忠诚对象单一地指向君主个人。

西方社会古代忠文化带着原始社会的朴素集体观念，走进了以松散城邦形式组建国家政权的奴隶社会，依然延续公忠观念，没有长期出现拥有至高无上权力的个人。即使是在中世纪封建专制政治高压下，忠诚的对象也是游移于神权和王权之间，更不用说文艺复兴、启蒙运动时期和工业革命之后崇尚"自由、民主、平等"的资本主义时期了。因此，西方的忠诚对象基本上从未长久性地单纯固定在某个家族或者某个个人身上，而是存在于诸如国家、法律、自由、组织、公正等元素中，呈现出多元化的公忠特点。

（4）忠诚环境的差异

马克思历史唯物主义观强调社会存在决定社会意识，经济、政治共同决定文化的产生与发展。自古以来，中西方经济政治就呈现出不同的历史特点，甚至社会发展的历史阶段都存在显著差别。我们可以简单地从社会发展的阶段来看二者之间的差别：中国原始社会起自人类诞生，到公元前21世纪结束；奴隶社会起自公元前21世纪，逐渐瓦解于春秋末期（约公元前476年）；封建社会形成于战国末期（约公元前475年），结束于公元1911年辛亥革命；自1912年起中国社会逐渐踏入近代民主政治历史进程。而西方原始社会大致终结于公元前8世纪；奴隶社会起自公元前8世纪，结束于公元475年；中世纪封建社会起自公元476年，结束于公元15世纪末；16世纪的资本主义文艺复兴运动掀开了西方现代民主政治的新篇章。

如上所述，人类诞生以后中西方社会政治经济的发展历程出现了巨大差异。中国的原始社会比西方早结束近13个世纪，极早地产生了私有制以及与之相适应的行政体制；而当中国已经进入封建专制集权时代，西方还停留在奴隶社会，部分地区甚至还停留在原始社会，中国封建社会的历史时长是西方的两倍。中国过早地产生私有制经济和高度集权政治，对由其决定的文化不可避免地产生了巨大影响。这种影响体现在忠文化上就是，忠君的私忠观念迅速崛起直至牢固支配中国古代的阶级社会。而西方由于以私有制经济为基础的奴隶制政权出现较晚，以及教会王权争斗不休的"黑暗时代"中世纪的相对短促，再加上资本主义经济萌芽的较早出现和文艺复兴运动对思想文化的及时改造，这一切都为西方公忠文化的存在和发展提供了重要时代条件。

2. 忠文化价值判断标准及公忠共识

随着新公共行政主义思潮的兴起，人们开始更加关注社会公平正义，要求政府把公平正义作为行政管理的基本准则。在西方，公正一词源于古希腊，意为"置于直线上的东西"，与正直、公平、合法同义[①]；柏拉图认为公正是最具综合性的概念，公正就是"各守本分，各司其职"，"公正即和谐"；近代西方公正观把自由、平等、博爱作为首要价值，把公正与政治、国家、社会直接联系起来；当代西方新公正理论的典型代表罗尔

---

① 卢智增：《行政公正研究》，广西师范大学硕士学位论文，第3页。

斯认为公正"是整个道德的中心概念","是社会制度的首要价值";诺齐克补充认为,公正应以"权利原则"为核心,旨在维护"个人权利的神圣性和绝对性"。由此可见,西方已经开始将公正视为衡量公共行政忠诚的重要标准。纵观西方忠文化的发展历史,尤其是近现代公共行政的新发展,可以基本推断其已发展成为以公正为核心、以维护公民个人权利为目的的现代公忠观。

立足中国近现代的历史进程,可以看出传统忠文化在近现代社会有所扬弃。社会客观历史条件的变化和西方民主思潮的传入,促使中国传统忠文化在近现代取得了突破式飞跃。1911年,辛亥革命的一声炮响中,在中国维系了两千多年的封建帝制落下了历史帷幕。资本主义民主革命缔造了新生的中华民国,其领导人孙中山先生开启了中国近现代忠文化发展的历史新篇章。他首次提出了"上而总统,下而巡差"都是"替众人服务"的"国民公仆"思想。他认为"平等自由,原是国民的权利",主张"主权在民",倡导革命党人"应该想做大事,不可想做大官",要有"这种新道德,就是有聪明能力的人,应该要替众人服务"的公仆道德。中国几千年的私忠文化发展主线,通过行政人员和普通民众关系的改造而得以根本扭转,公忠思想再一次处于主导地位。私忠对象被彻底打倒,民族资产阶级提倡自由、民主、平等,建立了资产阶级民主共和国,这不仅为公忠的发展创造了政治经济条件,也引进了适应其发展的思想文化。自此,中国忠文化再次步入以公忠观为主导的发展历程中。

然而,由于资产阶级民主革命不够彻底,民族资产阶级自身又具有两面性和妥协性,再加上军阀混战、帝国主义肆意侵略的半殖民地半封建社会现实,中华民族和中国人民依然处于风雨飘摇、水深火热之中,忠文化的发展进程缓慢。1921年,中国无产阶级政党共产党诞生了,这不仅标志着中国革命有了新的前途和领导力量，也预示着中国的文化发展迎来了新的历史机遇。1944年，毛泽东主席在张思德追悼大会上讲道："我们的共产党和共产党所领导的八路军、新四军，是革命的队伍。我们这个队伍是完全为着解放人民的，是彻底地为人民的利益而工作的……为人民利益而死，就比泰山还重。"在1945年的《论联合政府》一文中，他再一次强调："紧紧地和中国人民站在一起，全心全意地为中国人民服务，就是这个军队的唯一的宗旨"，鲜明地提出全心全意为人民服务的思想，并且写入中国共产党党章。由此可见，毛泽东将共产党人与人民大众紧密联系在一起，使忠诚的主体、对象得以进一步明确。中华人民共和国成立后，中国共产党以全心全意为人民服务为宗旨，始终忠诚于人民的根本利益。党的第二代领导核心邓小平同志，高瞻远瞩地开展了改革开放运动，彻底摒弃了封建保守残余思想，提出了党的基本路线"一个中心，两个基本点"；按照"三个有利于"的标准大力发展社会主义特色经济；强调社会主义的本质就是"解放生产力，发展生产力，消灭剥削，消除两极分化，最终达到共同富裕"；要不断提高人民的生活水平，要物质文明、精神文明"两手抓，两手都要硬"，将共产党人对人民的忠诚进一步落实到社会主义现代化建设之中。党和国家的第三代领导核心江泽民总书记，在新时代与时俱进地提出了"立党为公，执政为民"、"始终代表中国先进生产力的发展要求，代表中国先进文化的前进方向，代表中国最广大人民的根本利益"的重要指导思想，进一步强调和实践中国共产党始终忠诚于人民事业、忠诚于最广大人民的根本利益的历史使命。党和国家的第四代领导核心胡锦涛总书记在2003年7月28日的讲话中提出了"坚持以人为本，树立全面、协调、可持续的发展观，促进经济社会和人的全面发展"的科学发展观，按照"统筹城乡发展、统筹区域发展、统筹经济社会发展、统筹人与自然和谐发展、统筹国内发展和对外开放"的要求发展社会主义各项事业，科学发展观作为党的指导思想写入党章。科学发展观要求政府行政管理要以人为本，切实实现人民群众的根本利益，要按照"五个统筹"的要求推进社会主义现代化，发展过程中要更加注重公平正义，只有公平正义才能建设社会主义和谐社会。

比较中西方近现代的忠文化，我们不难发现一些相似之处，最明显的就是中西方忠文化都处于公忠发展主线上，都比较彻底地摒弃了古代忠文化的糟粕，批判继承了古代即有的"忠于国家、民众"的公忠因素，并且进一步发展了公忠文化的内涵，吸收和强调公平正义及公民权利。

（二）现代行政公忠观的形成

当今世界正处于一个物质文明高度发达、交通通讯技术水平比较先进的时代，经济全球化进一步加强了世界各国的联系，各种文化之间相互借鉴、共同发展，交流日益频繁。"自由、民主、平等"成为人们普遍认同的价值观念，民主政体的广泛建立，行政人员素质的不断提高，人们对公共行政的价值功能逐渐达成基本共识，现代公忠观的形成与发展已经具备了一定的社会条件。

成长于反帝、反封建、反官僚主义斗争中的社会主义人民民主专政政权，在以"全心全意为人民服务"为宗旨的无产阶级政党共产党的领导下，以人民代表大会制度为核心构建国家政权结构，着力推进有中国特色的"物质文明、精神文明、政治文明、生态文明"社会主义现代化建设事业的长远发展，扎实构建"民主法治、公平正义、诚信友爱、充满活力、安定有序、人与自然和谐相处"的社会主义和谐社会。当代中国，已具备现代行政公忠观的形成条件：

（1）有正确的指导思想、坚实的群众基础和优良的传统作风。事实雄辩地证明：中国近现代社会的革命和建设，在马列主义、毛泽东思想、邓小平理论、"三个代表"重要思想和科学发展观的正确指引下，已经取得了巨大成就。马列主义主张"无产阶级只有解放全人类，才能最后解放自己"，反对阶级压迫和奴役；毛泽东主席坚持"为人民服务"，推翻三座大山，解救中国人民于水火之中，建立了人民当家作主的社会主义政权；邓小平同志认为"贫穷不是社会主义"，要进行"让一部分人、一部分地区先富起来，然后先富带后富，最终实现共同富裕"的改革开放；江泽民总书记的"立党为公，执政为民"，强调中国共产党要"始终代表最广大人民的根本利益"，将改革开放和提高人民生活水平进一步落实到现代化建设之中；在胡锦涛总书记的"以人为本"科学发展观的指引下，中国开始注重建设以"公平正义"为重要时代特征的社会主义和谐社会。可以看出，中国现代公忠观的形成与发展有正确的指导思想和优良的传统作风，有以广大无产阶级为主体的群众基础。

（2）依法治国与以德治国的有机结合，使公务员的公忠之德焕发生机。与社会主义民主政体要求相适应，1997年9月中共十五大正式提出党领导人民治理国家的基本方略——依法治国：就是广大人民群众在党的领导下，依照宪法和法律规定，通过各种途径和形式管理国家事务，管理经济文化事业，管理社会事务，保证国家各项工作都依法进行，逐步实现社会主义民主的制度化、规范化、程序化，使这种制度和法律不因领导人的改变而改变，不因领导人看法和注意力的改变而改变。党领导人民制定宪法和法律，并在宪法和法律范围内活动。[①]由此可见，依法治国方略第一次明确强调宪法和法律的权威高于领导者的个人意志，并把党的领导、人民当家作主、依法治国有机

[①] 《江泽民文选》第2卷，人民出版社2006年版，第28—29页。

统一起来,从制度和法律层面上保证行政始终忠诚于人民的根本利益。

2000年6月,江泽民《在中央思想政治工作会议上的讲话》中指出:"法律与道德作为上层建筑的组成部分,都是维护社会秩序、规范人们思想和行为的重要手段,它们互相联系、互相补充。法治以其权威性和强制手段规范社会成员的行为。德治以其说服力和劝导力提高社会成员的思想认识和道德觉悟。道德规范和法律规范应该互相结合,统一发挥作用。"①2001年1月,在全国宣传部长会议上,他进一步明确提出"把依法治国与以德治国紧密结合起来"的治国方略。以德治国以马列主义、毛泽东思想、邓小平理论为指导,以为人民服务为核心,以集体主义为原则,以爱祖国、爱人民、爱劳动、爱科学、爱社会主义为基本要求,以职业道德、社会道德、家庭美德的建设为落脚点。他明确提出了公务员应具备的基本职业道德,强调在社会主义法治建设中要将依法治国与以德治国有机统一于行政管理中,在公忠之德的感召下依法行政,切实维护和实现最广大人民的根本利益。

(3)人民群众和行政官员政治素养的培育及思想观念的转变。新中国社会主义制度建立后,中国共产党十分注重解决社会主义社会的主要矛盾,不断解放和发展生产力,发展社会主义民主政治。在不断提高人民生活水平的同时,着力提高人民的科学文化水平和思想道德水平,建设社会主义核心价值体系,用社会主义荣辱观引领风尚,极大地改造了人民群众的精神面貌,沉重打击了封建落后残余思想以及资本主义腐朽没落文化。普通民众开始积极参与政治,关注社会中"民主法治、公平正义"的实现,不断提高个人参政议政能力。

自第一代领导核心毛泽东主席强调"为人民服务"伊始,共产党人始终

---

① 《江泽民文选》第3卷,人民出版社2006年版,第91页。

把实现最广大人民的根本利益放在工作首位。较之古代,现今中国行政人员的思想观念已有很大转变,由流传千古的"官本位"思想逐渐转变成为"民为本"思想,这一转变为行政管理工作的高效为民提供了重要前提。我们的政府一直倡导建立"阳光、透明、公开"型政府,对公务员定期组织培训,学习党中央、国务院的最新文件精神,不断提高思想政治觉悟。正如毛主席所言"没有调查,就没有发言权",鼓励公务员多下基层调查研究,深入贯彻"从群众中来,到群众中去"的工作路线,不断提高公务员的政治修养,践行中国现代公忠观的基本要求。

(4)完善的公务员管理制度及有效的权力监督机制。中华人民共和国幅员辽阔,人口众多,行政单位星罗棋布。为了更好地提高政府工作效率、规范行政程序、明确公务员管理规章制度,2005年4月第十届全国人大常委会第十五次会议顺利通过《中华人民共和国公务员法》,并于2006年1月1日起施行。从法律层面规范国家权力行使者的选拔、任免、考核、监督,形成一整套较为完整的公务员管理制度,规范公务员的行政思想和行为,督促公务员培育公平正义素养,在依法行政中更好地贯彻落实党的方针政策,真正做到权为民所用、情为民所系、利为民所谋。

没有监督的权力必然导致腐败。政府行政权力权能极其广泛,涉及政治、经济、科技、教育、文化、卫生、体育等诸多社会领域,因而必须对政府部门及其工作人员的行政权力予以有效监督,才能保证依法行政落到实处。我国的监督体系大致包括国家监督和社会监督两大组成部分。其中,国家监督包括国家权力机关监督、行政监督、司法监督;社会监督包括社会组织监督、社会舆论监督、人民群众直接监督。这些监督机制的有效建立和运作,必将规范公务员的行政管理行为,促使国家行政权力在阳光下有序运行,进一步维护政府行政行为的权威性和公信力,也能引导公务员队伍逐步信仰以公平正义为核心、切实为人民服务的现代公忠观。

改革开放三十多年来，中国人民在共产党的正确领导下，积极建设有中国特色的社会主义现代化事业，取得了一系列巨大成就，综合国力显著增强，人民生活水平不断提高，人们开始更加关注精神生活的充实，更多地呼吁和谐社会的"民主法治、公平正义"，从而对政府行政工作提出了更高的要求。目前，我国已基本形成以公平正义为核心，以服务人民为目的，以构建和谐社会为目标，以依法治国和以德治国有机结合下的依法行政为主要内容的社会主义公忠观。我们应当继续依照公平正义标准有选择地继承和借鉴中国古代忠文化、西方忠文化的合理成分，进一步总结概括中国近现代符合具体国情的公忠文明，在科学发展观的指引下全面而系统地发展现代公忠文化。

公忠之鉴：公忠实践的异化与背离

2007年5月底，国内媒体纷纷披露了一条消息，就是最高人民检察院渎职侵权检察厅副厅长宋寒松关于"渎职个案平均损失是贪污的17倍"这个惊人结论。他们把贪污贿赂的犯罪和渎职侵权的犯罪作了一个比较，把所有办案涉及的金额除以案件数量，把每个案件造成的损失都统计了出来，结果，贪污犯罪个案平均损失是15万元，渎职侵权犯罪个案平均损失是258万元，是贪污犯罪个案平均损失的17倍。这个结果一出，立即引起了人们的震惊，大家在惊叹渎职侵权这种"不揣腰包的腐败"给社会造成的危害时，也发现了这样一种现象，那就是公务员的公忠观念在行政实践中出现的异化与背离。

行政公忠是行政伦理的一个重要方面，也是政治伦理研究中一个十分重要却又十分棘手的问题。公务员的公忠问题在中外政治伦理观念中都被给予了较高的重视。目前，我国公务员的公忠状况总体是好的，绝大多数公务员能竭力做好本职工作，全心全意为人民服务，做到对国家、人民和正义事业的忠诚。但我们也应该看到，进入现代民主社会之后，社会制度日益健全，公共化的行政管理技术以及科学不断成熟和系统化，作为行政个体之政治伦理美德的公忠却不再具有其曾经拥有的分量，相关的研究也不断减弱。[①]在中国当代的行政伦理语境中，公务员的公忠问题更是面临重重话语危机和实践挑战。

---

① 李好：《论忠诚之为政治伦理美德》，《道德与文明》2008年第3期，第88页。

一、公忠观念倒错：理性缺失

公务员是公法的执行者，公务员的公忠义务要求公务员在执行公职以及与公职相关的行为中，要忠于职守、尽心履责。选择了行政职业，担任了公务员的角色，就是选择了通过行政的途径实现自身的价值，也就是选择了对国家、人民和正义事业的忠诚。公忠作为一种德性，是公务员职业必备的政治品质和道德素质，是积极的行为方式，对国家、人民和正义事业的忠诚是公务员公忠的应有之义。然而，在实践中，公忠却往往被扭曲，由对国家、人民和正义事业的忠诚蜕变为对权力忠诚，甚至出现了忠诚于权威、忠诚于个人等貌似忠诚实则反忠诚的现象，其具体表现主要有以下两个方面：

（一）忠诚对象错位，强化了个人忠诚

约翰·加尔布雷思的权力"双峰对称"理论认为，官僚组织得以有效运行的前提是官僚个体对上级的服从，这是因为"组织只有赢得内部对其目标的服从才能赢得外部的服从。其外在权力的大小和可靠性取决于内部服从的程度"。由此可见，个体对上级的服从是官僚组织权力得以有效传达和执行的必要保障。马克斯·韦伯在他的官僚制理论中提倡的"严密的科层体系"以及"权力和命令的单向流动"，同样强调了个体服从对于组织运行的重要性。自上而下的等级次序是官僚组织得以有效运行的保障，也是实现组织目标的重要条件。根据加尔布雷思的理论，内部权力和外部权力所构成的"双

峰对称"，是一个官僚组织让其组织成员和社会公众有效服从的首要条件，而服从和忠诚于组织也成为官僚个体的美德和价值标杆。①

在现实的行政实践中，公务员的公忠却出现了异化的现象，这种异化主要表现为行政个体只知道忠诚于组织和上级，而忽略了对民众和公共利益更高层次上的忠诚，以及上级的私人利益得以凌驾于公共利益之上并对公共利益不断侵蚀。安东尼·唐斯在《官僚制内幕》中明确指出，行政忠诚异化的关键在于官僚组织和上级权力的"高度人称化"。根据韦伯的官僚制理论，上级与下级的关系，命令与服从都是依据制度而定的，而不是基于人身依附或个人的忠诚。上级对下级的命令以制度为取向，下级行政人员服从于非个人的制度，而不是上级本人，并且只有在制度赋予上级权力的合理范围内，下级才有服从上级的义务。从根本上说，下级对上级的忠诚是对公众和公共利益的忠诚。换言之，行政人员对公众的忠诚是最高层次的，是价值性的，而对上级和组织的忠诚是次一级的，是工具性的，是实现对公众忠诚的手段。

然而，在官僚制的实际操作中，掌握权力的人同时也拥有权威，这是因为，由于公共政策的复杂性，制度与法律无法为上级的所有行为提供明确的规定，而只能是一种宽泛意义上的指导。这就必然导致上级自由裁量权的存在，上级权力的行使往往不是按照法律而是按照自己的意志。这样，官僚组织中下级忠诚和服从的对象实际上并非是非个人的制度，而是权威者本人，也就是行政人员的上级。这也就是说，命令与服从之间实际上是"高度人称化"的，行政人员的忠诚实际上是建立在对权威者本人服从的基础之上。②

---

① 李建华、牛磊：《行政检举：走向一种新的行政忠诚——对行政伦理学忠诚困境的解读》，《南昌大学学报》2007年第38卷第1期，第70页。
② 牛磊：《论行政检举》，中南大学2008年硕士学位论文，第32—34页。

行政人员对上级个人的服从与忠诚暗藏着两个方面的危险。第一，上级的命令所依据的制度是否合法？是否正当合理？假设制度本身是不正义的、恶的或者错的，那么上级发布的命令就有可能是错误的或违法的。第二，依凭制度发布命令的"上级"是否道德？是否正义？上级毕竟不等同于政治制度，任何官僚在现实中仍被复原为真实的个人。既然是真实的个人，我们就不能保证其行政命令都是合法正当的，是符合政治伦理要求的。也就是说，即使制度本身是合法正义的，某些无德的或不正义的上级官僚也有可能出于不正当不道德的政治动机而发布错误的和违法的行政命令。在这种情况下，公共利益就有可能被不断地侵蚀，渎职和违反正义的现象就会越来越严重，最终会影响我国的经济建设和精神文明建设。

（二）"一言堂"现象突出，助长了明哲保身

2009年8月，原安徽巢湖市市委书记周某，因受贿罪、巨额财产来源不明罪，被安庆市中级人民法院判处无期徒刑，剥夺政治权利终身，并处没收个人全部财产。法院经审理查明，周某在担任市委书记职务的57个月期间，曾八十多次收受他人贿赂310余万元人民币、近4万美元，占受贿数额的74%。此外，其还利用自己的职务身份请托其他国家工作人员，为请托人谋取不正当利益。周某主政巢湖市期间，作为党政的"一把手"，最能体现其权力"魔方"的莫过于组织人事权。由于周某把这一本该由集体行使的职权牢牢地攥在个人手里，所以那些想升迁提拔的或是调动岗位的人，无不对他趋之若鹜。在巢湖任职期间，为了给他人谋取不正当的利益，周某可以干涉巢湖市所属的县、区的事务，对书记、县长"指手画脚"，他还可以将手伸向其他兄弟地市，请那里的领导出面帮忙。在省里任职期间，周某甚至亲自带领请

托人"找关系"。不仅在"大事"上周某"乐于助人",在小孩子上学、弄到一个吉祥的车牌号等小事上,他也甘愿出面为行贿者打招呼。周某在任职期间,利用职务之便及其地位形成的影响肆无忌惮谋取私利,是"一言堂"现象的典型代表。

由于传统的"官本位"思想依然存在于公共行政内部,家长制作风在一些地方和部门中盛行不衰,权力结构依然是一种金字塔形状,权力的作用向度依然是自上而下的,在某种程度上具有阶层压迫的性质。否定人的独立个性是权力等级结构在客观上所具有的趋向,这种趋向必然会使公务员产生对上级和组织的依附,丧失独立意识。官僚体制是以逐步授权为基础的,明显地表现为上下级在权力方面的同属关系,或者说是命令与服从的关系。当官僚个体的伦理自主性发挥作用,对上级的命令产生质疑或是拒绝执行的时候,上级便会认为其权威遭到破坏,并以国家的强制力量为依托,对质疑权威和命令的下级进行打击报复。在这种官僚体制的运作之下,官僚个体的独立自主意识慢慢消失,伦理自主性严重弱化和工具化,"一言堂"的现象也就越来越突出。

"一言堂"现象符合米尔葛莱姆的代理转换理论。米尔葛莱姆认为良知的内部秉性限制和控制着个人行为。但是,当单个人聚集在一起形成等级关系时,他们的行为就必须协调,外部控制资源就产生了。这时,内部秉性就必须迎合外部控制的要求来作出让步。当个体自治因素退到第二位以满足协调控制力的需要时,官僚机制的控制就是最主要的控制力。代理转换过程包括一种态度的转换,即从为自己的目的而行动,转换到作为代理人为实现他人的愿望而行动。当一个公务员认为自己处于代理状态时,他的行为和内部控制都发生了意义重大的转变,他就完全使自己置于权威的控制之下了。根据米尔葛莱姆的结论,代理转换最可能的结果是:公务员感觉应对权威和上级的指示负责，但却不对权威和上级所规定的行为内容负责。个人主观责任发生了变化，这种变化使其与某权威人士定义或规划的客观责任相一致。在这种情况下，道德并没有消失，只是关注点发生了根本的变化，即下属感到耻辱和骄傲的原因来自于他对上级要求的完成程度。由此，公务员个人在行政行为中往往是以上级的命令和指示作为规范，自主独立的意识越来越少，明哲保身的现象就越来越多。

公务员之所以出现公忠理性缺失的现象，主要有两方面的原因：一是多元的价值取向对公务员的利益选择产生影响。我国社会转型的推动力量是市场经济，社会制度的创新以及社会意识形态的嬗变是转型时期最主要的表现。市场经济推动下产生的新型社会与传统社会是不同的，这一社会形态日益将高尚的理想化道德逼入个人信仰的领域，冲击社会普遍认同的价值观念，并将其引向有利于政治和经济制度健康运作的发展方向。在社会转型的过程中，旧的社会体制和价值观念备受冲击，渐渐地走向弱化、衰亡。但是由于新的价值指导体系尚未确立或是正在形成，这就造成了公务员价值观的扭曲，引发了广泛而深层的信念危机，进而导致了公务员对国家、人民和正义事业的忠诚度的下降。当前，我国政府官员中的价值观问题还是比较严峻的。一方面，社会主义市场经济的蓬勃发展激活了个人的主体意识，提升了个人价值实现的要求；另一方面，大众文化的崛起塑造了社会成员急功近利的心态，也造成了一种仅限于物欲满足的潮流。这两方面的因素都直接影响并导致相当一部分公务员价值观的失衡。二是权力异化。异化，原初意义上是一个哲学术语，反映的是一种主客之间的对抗关系，指某物变成了不同于原来的东西并反过来同原物对抗。权力异化是指权力本体上产生了与自身相矛盾的对立力量，丧失了原来的质的规定性而异于本来意义上的权力。权力异化是一种常见的现象，无论在何种政治体制下都有存在的可能。在这里，权力的异化不是形式上的命令与服从关系的改变,而是权力的本质——公共利益受到践踏。权力由实现和维护公共利益的手段变成了危害公共利益、谋取和满足私欲的工具。①

二、公忠内容混乱：规则失范

（一）缺乏完善的公忠制度设计与实施保障

1. 公务员的公忠建设过于强调道德宣传而忽视制度建设

社会道德规范往往是一种软性的社会控制手段，其约束力主要靠社会舆论、价值判断、良知和责任感来维系，并通过人们的内心自律来得以实现。但是，公务员的公忠作为一种角色道德具有管理职责道德和权力道德的双重特征，因此，它的维系和实现也有其特殊性，不仅需要依靠自我信念来维持，还需要法律来保障，也就是使一些行政道德规范法律化。所谓道德法律化，就是把一些道德规范纳入到法律中，依靠法律的强制力来推行社会所倡导的道德价值观念，以提高社会成员的道德自觉，形成良好的社会秩序和风尚。

道德与法律有特有的共性，这就决定了道德法律化具有可能性和合理性。从产生来源看，两者具有同源性，现代意义上的道德和法律都起源于原始习惯；从内涵看，两者具有重合性，如公平正义既是法律的基本准则，又属于道德价值范畴；从内容规范来看，两者具有重叠性，一般来说，凡是法

---

① 韦长伟：《社会转型期的行政忠诚研究：问题与对策》，《四川行政学院学报》2011年第2期，第95页。

律所禁止的行为，也是道德所禁止和谴责的行为；从相互作用看，两者相互渗透、相互转化，道德是法律形成的伦理依据，法律是一定道德精神的体现。可见，道德和法律是紧密联系在一起的，正如意大利法学家米拉格利亚所说："道德与法律乃伦理学的两支，是实现人类目标或伦理实体的两种方法。"正是道德与法律的这些共性和重合性，使道德法律化成为可能。

在道德实践过程中，为了防止道德虚无主义，克服泛道德主义的倾向，西方发达国家或地区的做法是将道德建设与制度建设有机结合起来，使道德建设制度化，重要手段就是道德立法。在美国，行政道德立法起源于公共行政领域中的权力滥用时期，并且在19世纪中期的"后杰克逊思想时代"首次出现。由于杰克逊总统竞选获胜，接替原来所谓既得利益者职位的人将官职看成是竞选的"战利品"，于是权力滥用、行政不公发生了，对行政伦理立法的需要也产生了，由此美国有了第一部利益冲突法规。为了进一步规范行政行为，1978年美国国会出台了《政府伦理法案》，1989年又通过了《政府伦理改革法案》，1993年颁布了《美国行政部门雇员道德行为准则》。其他很多国家也都进行了行政道德立法，印度在1964年就制定了《中央文官行为准则》，这是印度政府公务员从政道德准则的专门法律，全文25章，对公务员的行为规定很详细、很全面；韩国于1981年制定了《韩国公职人员伦理法》，其后又进行了七次修改完善；日本于1999年颁布了《日本国家公务员伦理法》，并于2000年4月1日起实施；加拿大于1994年颁布了《加拿大公务员利益冲突与离职后行为法》；墨西哥随后制定了《公务员职责法》；意大利于2001年出台了一部公务员《道德法典》，对公务员的所有行为包括索赔、受理、债务、股票、言论、保密等作出了限制和规定。英国、德国、法国、荷兰、挪威、芬兰、澳大利亚、新西兰等许多国家也都颁布了类似的法律。

我国古代也重视将部分道德纳入法律框架，为道德的推行赋予一定的强制力。统治者在强调道德教化的同时，也认识到，如果忽视常人都有的趋利避害的本性，仅靠道德觉悟来解决官吏的道德问题，显然过于理想化。因此，中国古代强调德治必须以法制为依托，出礼则入法。《孟子·离娄上》曰："徒善不足以为政。"《韩非子·备内》云："犯法为逆以成大奸者，未尝不从尊贵之臣也。"因此，在古代的惩贪立法中，重点治吏是一项贯穿始终的重要方法，对官吏犯罪的法律惩罚重于常人。只要官吏有贪污受贿的行为就构成犯罪，而不论数额的多少和枉法与否。官吏不论以何种方式获得经济利益或所谓好处，都为法律所禁止。量刑上，根据主体区分监临主司和监临势要，根据动机区分为公罪与私罪，根据社会危害结果分为"枉法"和"不枉法"。同时，也强调所谓的"宽猛相济"，"猛"指刑法强制，"宽"包括取之适度、附加教化两个方面。《唐律疏议》最终确立了"德礼为政教之本，刑罚为政教之用"的德主刑辅的治国方略，就是强调在加强道德教化的前提下，以强制力来推行道德规范的执行，这一思想为后世历代统治者所尊崇。

　　近年来，我们党和政府相继颁布了一系列关于公务员的行为规范准则，初步建立起与社会主义市场经济规则相适应的领导干部廉洁从政行为规范。如1997年9月3日中共中央纪委发布的《〈中国共产党党员领导干部廉洁从政若干准则（试行）〉实施办法》，1997年5月9日第八届全国人民代表大会常务委员会第二十五次会议通过的《中华人民共和国行政监察法》以及与这些基础性法律和党内法规相配套的规定或实施细则等。全国省（部）级以上机关共制定党风廉政方面的法律法规及其他规范性文件两千余件。此外，大量关于公职人员的道德行为规范散见于各种法律规章，以及党内的各种会议文件、决议、决定之中。如《宪法》第二十七条规定：一切国家机关和国家工作人员必须依靠人民的支持，经常保持同人民的密切联系，倾听人民的意见和建议，接受人民的监督，努力为人民服务。十六大修订的《党章》要求领导干部正确行使人民赋予的权力，依法办事，清正廉洁，勤政为民，以身作则，艰苦朴素，密切联系群众，坚持党的群众路线，自觉接受党和群众的批评和监督，做到自重、自省、自警、自律，反对官僚主义，反对任何滥用职权、谋求私利的不正之风。《公务员管理条例》中也有关于公务员行为规范的规定。这些行政道德规范有很多关于公务员公忠的规定，有利于公务员公忠建设的开展。但仅仅依据这些规范显然难以评估和约束个体公务员的行政伦理行为，致使行政公正大打折扣。

2. 我国缺乏专门的公务员道德管理机构

公务员道德的实践，必须有专门的管理主体去推进，即设立专门的管理机构。国外很多国家设立了专门的管理机构，如新加坡的反贪调查局，它的局长由总统任命，工作由政府总理直接领导，是防止和打击腐败的有力武器。有的国家成立了监督和惩戒职能机关，大致有三种，第一种是行政道德监督机关。如美国的廉政署，其职责：一是建设制度或草拟有关廉政法规；二是管理财产申报；三是教育和培训；四是指导和解释；五是监督、制裁、检查、考察政府各部门的廉政计划的实施；六是评估。第二种是政府道德机构与专门监督机构相结合。如韩国，设有公职人员道德委员会和纪律处分委员会，负责公职人员的财产申报监督审查事宜。对于违反公职人员伦理道德法者，道德委员会可以要求给予解任或惩戒的处分，纪律处分委员会负责对其进行处分。第三种是公职人员的管理机关也负有对其有权任免的公职人员进行监督之责。我国的行政道德教育处于一种职能交叉、多头管理、权力分配不合理和权责不清的状态，使行政道德教育的政策、法规得不到有效的执行。目前我国并没有专门的行政道德管理机构，不利于行政道德法律化的执行和推进。

3. 我国的公忠建设缺乏完善、可行的考评机制

近年来，为了加强公务员的行政道德建设，各地制定了形式多样的考核措施，如河北保定市关于行政道德的考核机制中，着力解决干部在政治品德、职业道德、社会公德和传统美德这"四德"方面存在的突出问题，建立健全加强政德建设的长效机制，逐步将政德建设纳入干部队伍建设规范化、制度化轨道。江西萍乡市以习近平提出的政治品德、职业道德、社会公德与家庭美德为德行考评指标体系的一级指标，积极探索二级甚至三级指标体系的完善。江西萍乡市的二级指标包括大局意识、关键时刻表现等18项，并对4个一级指标和18个二级指标分别赋予适当分值，在民主测评中，对每个二级指标设"好、较好、一般、较差、差"五个评价档次。德行的考察评价分为优秀、良好、合格、不合格四个等次，分别对应90分以上、80—89分、60—79分和60分以下。对德行考察评价总体得分低于80分的，或某项一级指标得分少于该项分值60%的，原则上不予任用。在干部德行的考察评价工作中，不仅在本单位进行民主测评和个别谈话，还要走进考察对象居住的社区村落，走进考察对象的家庭，调查了解考察对象的德行表现，核实其报告个人事项的相关情况。在具体操作中，对道德品质存在缺陷或严重问题的十种行为，一经发现，查实后给予一票否决。①

近年来提出的行政考评体系充分表明各地对于领导干部道德水平考评重视程度的提高，对我国公务员的公忠建设必将起到很大的作用。不过，我们无法回避的是由于对官德考评体系的探索尚处于初始阶段，因而不可避免地存在着一系列问题与不足。公务员行政道德的考评中存在着以私德取代公德的危险。私德所表现的是公务员作为一个自然人、一个普通人的忠诚，而

---

① 尹富岚、刘婧：《萍乡出台干部德行考评办法》，《江西日报》2010年10月17日02版。

公德则是体现公务员作为公共权力的拥有者、全心全意为人民服务的公仆的公共品德。公务员首先是一个自然人，其次才是行政官员，但行政道德的考评不能仅仅满足于作为一个自然人身份，还要突显公务员作为公共人的角色特点。换句话说，一个公务员是否孝敬父母、忠于配偶、疼爱子女、友好邻里，只能是其成为一个好官的必要条件，而不是充分条件。如果能够构成充分条件，那么我国从古至今那么多因忠孝不能两全、为了经邦济世理想而千里为官的人，那些为了捍卫国法尊严而铁面无私、六亲不认的人，那些为了保全革命果实面对亲人挚友惨遭羞辱而无动于衷的人，他们作为历史公认的好官又将情何以堪。正是因为这样，习近平将政治品德与职业道德放在官德外延的首要位置上，而社会公德从某种意义上说也能够划归到官德的范畴当中。宁波市江北区的考核指标体系中"45%、35%、15%、5%"的梯度分数设置也印证了这一点。①不过，我国很多地方对公务员行政道德的考评，对私德的强调往往都超过了公德。比如很多地区风行的是否孝敬父母、是否邻里友好，江苏沭阳的是否忠于配偶等。这些行政道德的考核标准表现出了对领导干部道德水平考量的本末倒置倾向，将不利于公务员行政道德的建设，也不利于公务员公忠制度的建设。

对行政道德考评的量化指标体系仍然名不副实。现在很多地方都开展了对公务员行政道德进行考核的工作，但大多数局限于质化的阶段，对于行政道德如何操作化、实现行政道德指标的体系化问题，尚待进一步研究。罗国杰教授主编的《道德建设论》中提出，为人民服务是社会主义初级阶段道德的核心，分为三个层次："第一个层次是无私奉献、一心为公，即全心全意为人民服务

---

① 宁波市江北区与同济大学在2006年联合研究出的"领导干部道德评价体系"是目前官德指标体系研究中较为先进和可操作化的成果。该评价体系包括四套量表问卷、三级指标体系、一套数据处理方法和计算机应用软件。这套体系包括30道测评题目，在被量化的测试调查问卷上，内容分为政治品德、职业道德、社会公德、家庭美德四部分，分数分别占45%、35%、15%、5%。

的层次。第二个层次是先公后私、先人后己的层次。第三个层次是顾全大局、遵纪守法、热爱国家、诚实劳动的层次。"①我国的《公务员法》对于官德考量的规定比较模糊。在该法第十一条公务员应具备的条件中虽然规定了"具有良好的品行",但却没有进一步的阐释。第十二条公务员应当履行的义务中,与品行相关的要求包含了"全心全意为人民服务,接受人民监督;维护国家的安全、荣誉和利益;忠于职守,勤勉尽责,服从和执行上级依法作出的决定和命令;保守国家秘密和工作秘密;遵守纪律,恪守职业道德,模范遵守社会公德;清正廉洁,公道正派"等诸多项目。②《公务员法》的第十二条相对于第十一条而言,虽然有一定程度上的体系化,但是依然难以操作与考量。相对而言,宁波市江北区的考核指标体系是目前最为完善和先进的,但也存在一定的缺陷。一是行政道德评价的指标设计仍然较为粗糙,并且指标多为质化或半质化的,这就使得评价结果的客观性和准确性难以得到保证。二是标准参照系的设计不尽合理,使得评价者在实际操作中无法找到准确的参照标准,难以对被评价者道德水平的高下作出客观的定位。三是评价方法的鉴别度较低,大多数情况下只能通过主观判断对公务员的行政道德进行评价,无法对被评价者的道德水平进行有效鉴别。这些问题共同导致了现有行政道德评价体系的鉴别力度不足,这就使评价的结果难以运用到公务员的选拔和任用中,导致它在较大程度上失去了应有的现实意义。

行政道德指标体系的考核方式仍有待改进。首先,评价主体的片面性与一刀切问题。片面性问题指的是在考评的过程中,组织部门与各级官员仍然是考评的主体,而普通大众的意见却很少被采纳。长此以往,官德的改善与提高恐怕由于路径依赖的问题再次回到原来的老路上。一刀切问题指的是在

---

① 罗国杰:《道德建设论》,湖南人民出版社1997年版,第24—25页。
② 吴高盛:《中华人民共和国公务员法辅导读本》,人民出版社2005年版,第4—5页。

评价过程中，没有根据公务员工作岗位的性质来决定公务员行政道德的考核体系。其次，行政道德考核体系自身的设计水平问题。为了准确考评公务员的行政道德水平，考核体系本身要具备一定的水平，否则，考核体系就起不到监督制约的作用。比如湖南邵阳最新出台的干部考核标准规定干部提拔需要出具家庭道德鉴定书，这个规定是否能真正考评公务员的行政道德水平还有待商榷。再次，官德考核标准的现实性。在中国，几千年的封建主义形成了一种以圣人文化为主流的人治。这种政治文化有两个特点：一是主张"内圣外王"的贤人政治，要求由完美的、高尚的道德上的"完人"来统治。二是主张普通官员自律，儒家强调普通人和圣人没有不可逾越的鸿沟，个人通过自身修养可达到圣人的道德水平。这样，人为拔高了行政主体的伦理水平和道德自律水平。对为官从政者提出大大高于一般成员的伦理要求往往不切实际，在现实生活中经常可以看到这样的现象，一方面是对行政主体的道德要求和人格目标被定格在社会道德的典型层次，另一方面是随处可见的道德腐化，为官不仁、丧失起码道德人格的人大量存在，从而使过高的道德要求成为一种虚伪的形式和摆设。①因此，在考核的过程中，行政道德的考核指标自身应当切合实际而不能人为拔高。具体来说，任何一个官员都首先是一个普通的人，其次才是一名官员；他们并非是不食人间烟火的圣贤而是集优缺点于一身、理智与欲望于一体的人。我们在进行行政道德的考评过程中必须考虑公务员的现实需要，这样考评才有可能朝着健康、真实的方向发展。最后，行政道德考评体系的合法性与合理性。所谓合法性指的是行政道德的考评体系要符合法律的一般规定，如果无法赋予行政道德考评体系以充分的合法性，这样的道德考核结果就将难以取信于人，反而会导致人心惶惶、人人

---

① 张萃萍：《当前我国行政道德建设存在的主要问题及其思考》，《四川行政学院学报》2008年第2期，第87—88页。

自危的不稳定局面。所谓合理性指的是道德考核体系能够在多大程度和多高的水平上真实反映公务员的道德水平。从社会学的角度来看，行政道德考核指标体系的合法性与合理性考验的是该指标体系的信度与效度，如果不能确定指标体系的信度与效度的高低，那么官德考评自身的意义与价值必将大打折扣。

（二）缺乏社会公众的参与，公忠私忠混淆

2011年3月5日，媒体报道了震惊全国的"瘦肉精"事件，河南省多个市县的十几家养猪场被曝在生猪养殖环节违禁使用"瘦肉精"，此案引起了公众对食品安全监管的质疑。2011年11月，因在"瘦肉精"案中存在玩忽职守、受贿行为，获嘉县农牧局畜牧股原股长刘某一审被判处有期徒刑7年。法院经审理查明，2007年以来，被告人刘某在担任获嘉县农牧局畜牧股股长期间，不认真履行上级部门及畜牧股以农牧局名义制定的对"盐酸克伦特罗"（又称"瘦肉精"）等违禁药品的检测计划、组织实施以及监督职责，致使相关文件不能有效实施，造成全县在对"盐酸克伦特罗"等违禁药品查处过程中不能依法得到规范。2010年度，在农业部等来获嘉县对入沪生猪养殖企业进行"盐酸克伦特罗"检测时，被告人刘某作为畜牧股股长为了应付上级检查，亲自参与弄虚作假，使检查流于形式。被告人刘某的失职、渎职行为，纵容、助长了辖区内养殖户非法使用"盐酸克伦特罗"的势头。其辖区内的多家养殖户非法使用含有"盐酸克伦特罗"成分的稀释粉喂养生猪，并将生猪销售到江苏等地，严重危害了人民群众的身心健康，造成了恶劣的社会影响。刘某等人的渎职、造假过程，无一不说明，有法必依、执法必严在法治政府建设中的重要性。同时，我们也应该意识到，加强对公务员及其公务行为的监督，增强社会公众的参与程

度，对于公务员的公忠建设有重要作用。①

公忠建设的另一面，就是要控制私忠及其蔓延。控制私忠及其蔓延，首要在于增强公众的行政参与，使公务员的行政行为公开化，使公忠进一步成为可能。反思当今的极端个人事件，如个别公务员单位集体"窝案"的屡屡发生，缺乏对公务员及其公务行为的监督，是一大原由和教训。

事实上，在民主政治中，公务员的行政行为应该对整个公民社会负责。要防止公务员滥用职权谋取私利，其中一个重要手段就是通过培养公民的政治责任意识，来对公务员的行政行为进行有效监督，促进社会成员对公共决策的干预和参与。社会和集体中绝大多数人的愿望和意志通过正确的舆论才能很好地表达出来，因此，社会应当创造更多的途径和机会，例如支持社会与团体的讨论，以及公共媒体的监督等，鼓励社会成员关心并参与有关重要的公共管理的讨论，从而对重大的公共决策产生影响。进行民主的干预和监督，更主要的是通过对某一行政行为的褒贬向有关成员传达社会意向，指明行为准则，引导行为方向，从而起到规范行政行为方式的作用，促使行政人员遵循最起码的行政道德秩序。在美国，一些非营利性的民间组织通过对政府监督机构的调查，在反映民众意志、加强对公务员行政道德行为的监督方面发挥着重要作用。如芝加哥的"改进政府工作协会"、华盛顿的"公仆廉政中心"、丹佛的"卡门考草根游说组织"等，他们的活动经常由商界、慈善组织及民众自愿资助，以调查和揭露政府官员的不公正行为，唤起民众对政府官员行为的监督意识，维护公共利益，提高公务员的行政道德水平。②

从总体上分析，我国公务员的行政道德建设积累的经验不少，但也应该看到，现有的道德规范和监督偏重于自我监督、自我约束，社会公众参与

---

① 引自汇法网，《河南省获嘉县人民法院刑事判决书》。
② 段园园：《国外公务员行政道德建设及启示》，《郑州航空工业管理学院学报 》（社会科学版）2009年第28卷第1期，第199页。

监督的途径没有很好地建立起来并形成制度，在缺乏外力监督的情况下，行政人员的道德水平下降也就难以避免。从当前情况看，组织监督机制初步建立，但还缺乏强有力的制衡性，尤其是对单位、部门、区域的集体违规往往表现得软弱无力；舆论监督初显成效，但缺乏制度保障，致使新闻媒体实施监督的声势与力度都还有待提升；大众监督则更为薄弱，由于我们缺乏相应的法律对举报人实施有效的保护，致使群众举报不能发挥积极的作用。

（三）公共政策缺乏公共性，公忠效力备受质疑

由于公共政策缺乏公共性，人们有理由怀疑公共政策所指向的公共利益的合法性。实践中，各地因拆迁引发公共事件（如自焚、冲击政府机关等），公务员在操作中存在的操作不公、以权谋私等行政不忠诚问题，往往是导致此类事件发生的重要诱因。

公共政策缺乏公共性的表现不一。首先，公共政策重经济政策、轻社会政策。经济政策和社会政策都是公共政策的组成部分，这二者是统一的，它们共同支撑着社会的有序运行。与经济政策相比，社会政策对于一个健全的现代社会来说往往更为重要，因为社会政策在某种程度上讲是正义理念的具体体现。社会政策对于协调社会各群体之间的利益关系，促进社会的有序发展，实现社会的良性运行，有着不可替代的作用。其次，公共政策整体化、体系化程度较低，缺乏同一性。公共政策的对象是全体社会成员，因而，公共政策的基本特征之一就是要体现出公平性，即对所有社会成员来说，都有同等权利享受同等的、基本的公共政策，即便在某些情况下有区别对待的情形，那也是有助于社会弱势群体生活及发展状况的改善，而不是相反。我国公共政策的制定应考虑到各地发展的不平衡性，这是由我国历史和国情决定的。但不容忽视的是，当

前一些公共政策的制定表现出很强的歧视性，其中最为明显的当属对农村所制定的一些歧视性政策，造成农村居民与城市居民在社会保障、社会福利、教育、就业、日常生活等方面受到不平等对待，并且人为地加剧了这种不平等。再次，公共政策缺乏规范性。由于公共政策所针对的对象是社会上绝大多数的成员，应当让有关利益群体参与政策的制定，让他们有正常通畅的表达意见的途径与渠道，从而能够充分表达自己的意见，以维护自己的正当利益。我国目前公共政策的制定还带有明显的精英色彩，相关利益群体无法充分表达其利益需求，而是由各级领导对各利益群体的利益进行认定，并把其利益诉求体现在公共政策中。换句话说，我国的公共政策并没有充分体现公共性，对有关信息的公开不充分，使得与某项公共政策密切相关的利益群体特别是弱势群体难以有效地参与公共政策的制定。最后，公共政策缺少前瞻性，难以有效应对社会问题，尤其是突发性社会问题。现有的一些公共政策，尽管动机是好的，但往往缺乏执行性和可操作性。特别是一些基本的公共政策，涉及公民基本权利保护，但实施过程中却往往缺乏与之相配套的具体措施，从而使得这些基本的公共政策不同程度地流于一纸空文。而且，现阶段中国要面对较为严峻的社会问题，比如，退休人口的社会保障问题、失业问题、贫富差距过大引起的弱势群体扶助问题等等，还有现代社会要面对的一些突发性的风险问题，现有公共政策要么没有重视，要么还没有意识到。①

三、公忠机制呆滞：奖惩失明

行政道德是国家机关及其公务人员在行使公共权力、从事公务活动中，

---

① 王峰：《行政正义研究》，东南大学2004年博士学位论文，第27页。

通过内化的信念和善恶标准,理性地调解个人与个人、个人与集体和社会之间的各种关系的行为规范和准则,而对国家、人民和正义事业的忠诚,则是行政道德的重要组成部分。德治不仅是一种治国模式,更意味着一个人只有在公忠的基础上才具有为官与治国的资格。换句话说,一个官员必须首先对国家、人民和正义事业忠诚,才拥有做官的正当性和合法性。并且,行政主体的公忠是官僚组织的整体目标以及全体社会成员利益实现的保障。官僚组织的整体目标由政府最高决策层制定,通过政府施政纲领的形式表述加以阐明,通常官僚组织的整体目标与全体社会成员的利益是一致的。官僚组织的整体目标对于行政主体个人来说十分重要,但当行政主体偏离公忠,权力就会滋生腐败,组织目标以及社会大众的公共利益就难以实现。毫无疑问,加强公务员的公忠建设,要有完善的奖惩机制,如湖南长沙积极探索建立行政道德奖惩机制,将行政道德的好坏高下与任职、升迁、收入等关乎公务员切身利益的事情挂钩,对行政道德高尚的公务员加大弘扬和褒奖力度,树立典范,甚至破格提拔到重要领导岗位上来;与此同时,对行政道德缺失、干部群众评价差的,坚决处分,不得提拔重用;已经提拔的无德干部坚决调整下来;道德严重败坏、社会影响恶劣的,及时清除出干部队伍,从而提高与维护公务员的整体道德形象。完善的评价机制与奖惩机制对于公务员的公忠建设将起到很大的作用,然而目前我国的公忠机制却呈现出呆滞的状态,主要表现在以下两个方面:

(一)奖励制度失范

道德的实行实际上是以"善有善报,恶有恶报"作为推动力的,这就涉及利益问题。有人认为,对忠于国家、人民和正义事业的公务员进行道德奖赏,无疑会导致道德功利化,依据是对德行良好的普通公民进行道德奖赏并树立为社会的楷模这一做法是合理的，因为普通公民对社会并不承担必然的道德义务和道德责任，其良好德行对社会产生积极作用是一种极大的外部积极性，因此国家有必要对其进行道德奖赏。但是公务员与普通公民不同，公务员掌握着公共权力，是人民大众选出来的人民公仆，是公共利益的代表者和维护者，对公共财富拥有着分配权。这些因素决定了官员的一举一动、德行的好坏都将对社会产生放大的引导和示范效应。公务员作为人民主权的代理人，其职位决定了公务员必须忠于国家、人民和正义事业，这是其本应恪守的分内之事。如果将本应做到德行良好要求的官员降格为普通公民进行道德奖赏，这无疑是道德的严重倒退。

事实上，公忠建设不能够也不可能回避公务员的利益问题。我国现行的政治主流往往将公务员的品行人为地拔高，定为高尚的"道德人"，如要求公务员树立公共意识，在行政行为过程中，要充分考虑各个社会主体的普遍需求，要树立正确的行政价值导向，以社会公共利益为重，并作为衡量个人行为的伦理尺度。在此基础上，还要求公务员具有献身精神，包括为民服务、为国尽忠、舍生取义，当个人利益与国家利益、民众利益发生冲突的时候，公务员要无私地奉献自己的一切。在任何情况下，都不能把个人利益凌驾于政府利益、部门利益、公共利益之上。公务员生存与发展同样有各种需求，他们也是自身利益最大化的"经济人"，但我国现行的政治主流意识却无视公务员作为人的基本特征。曾钊新教授认为"有利益就有道德……道德的基本问题是什么？你说一千道一万，就是这两个字：利益。当然包括利益分配、利益共享、利益公正、利益公平，反正利益到底：你离开了利益就没有什么道德"。[①]因此，将公务员宣传成毫不利己、专门利人的"道德人"，一厢情愿地把他们与利益剥

---

① 曾钊新：《伦理十讲》，中国社会科学出版社2006年版，第15页。

离，无疑破坏了公忠建设赖以存在的人性基础。公忠建设属于意识形态、上层建筑的范畴，从整体来看，其发展的根本动因，是以社会整体的政治、精神利益为驱动，是为了提高公务员的整体道德水平，从而提高为社会服务的质量，并带动和牵引整个社会思想道德水平的提高。从个体来看，公务员之所以能够自觉地进行公忠学习与公忠实践，是为了提高自身的道德水平和精神境界，从而更好地为人民服务。但是，为什么仍然有一些官员不愿意或不能自觉地接受公忠？这要么是他认识不到公忠高尚的实际价值，要么是社会中存在的"善有恶报、恶有所得"的现象对于人们从善行为的阻遏。

忠诚作为一种心理或社会契约，会增加双方对于共同的事或物的投入，并造成退出障碍或机会成本。在一方对另一方的信任投入后，另一方应当给予对方适当的奖励和回报。对忠于国家、人民和正义事业的公务员进行奖励，在理论上是道德义务和道德权利的关系问题。马克思说过，没有无义务的权利，也没有无权利的义务。与其他社会义务一样，道德义务也必须和相应的权利结合在一起，二者不可分离。那种认为道德的义务不能同权利联系起来的观点，在实践中会损害道德义务的履行，在理论上也缺乏逻辑性。一个人在道德上享有权利，不仅意味着他有权享受别人提供的道德义务和服务，而且意味着他有权要求社会和他人对于他所提供的道德义务予以认可和公正对待。也就是说，任何合乎道德要求的具体行为，必然表现为行为主体和客体双方的互动，一方履行义务同时也是实现权利，另一方实现权利同时也是履行义务。如果只要求人们尽义务而不给予相应回报，那么，尊重他人的人，得不到他人的尊重；奉献社会的人，得不到社会的承认与奖赏；高尚成了高尚者的墓志铭，卑鄙却成为卑鄙者的通行证，这样的社会就是一个不公正的社会。在公务员公忠建设中，权利和义务不仅统一于整个道德规范体系中，而且统一于每一个道德主体的道德行为中。道德主体在履行了一定的道德义务之后，也许他主观上并不谋求价值对等的回报，但客观上理应得到相应的回报，社会应当提供保障这种公正的奉献与回报的机制。如果公务员生活在一种公正的用人制度中，只有选择忠诚的道德才是最明智的，而如果这种制度安排又是稳定的，公务员会在这种稳定的行为选择过程中形成一种稳定的行为选择模式，久而久之，这种稳定的行为选择就会成为一种如黑格尔所言的人的第二本能。[①]当政府官员忠诚的收益比其成本或风险大得多时，他就具有忠诚的动机，当忠诚潜在的收益足够大时，他就可能忠诚一生。对忠于国家、人民和正义事业的公务员的奖励可以包括物质奖励、精神奖励和晋升职位等，这样是对公务员行政忠诚行为的肯定，也可以激发公务员尽职尽责、公平公正的精神。目前的主要问题是：

片面强调精神激励。到目前为止，我国对公务员公忠的奖励主要以精神奖励为主，相对忽略物质奖励。社会主义市场经济的内在本质要求我们一方面要重视公务员的行政奖励和道德奖励，另一方面也绝不能忽略物质奖励的运用。市场经济实质上是一种利益经济，每个主体都内在地追求个人利益的最大化。市场经济的这种精神实质必然会反映到公务员奖励机制中。虽然我国社会主义市场经济是以公有制为基础的，但劳动仍是取得个人消费品的尺度。"每一位干部首先是一个独立的物质存在。在计划经济体制下，他们的确按照党和国家的要求，发扬了高度的集体主义和共产主义精神，为国家的繁荣而忘我工作、艰苦奋斗，留下了大量的感人事迹。但他们之所以这样做，恰恰正是因为他们相信，只有这样才能为自己、为后人创造一个更加美好的生活，并不说明他们已变成了不食人间烟火的共产主义者。但大量不切实际的宣传与许诺毕竟离实际太遥远，因而虽然社会主义建设不断取得新成

---

① 韦长伟：《公务员忠诚问题探析》，《公共行政》2008年第12期，第17页。

就，但当我们发现，不仅美好的生活只能等到遥远的未来，而且自己的生活水平与西方人相比，差距越来越大时，这种宣传和政治教育的作用也就走到了尽头。"①因此，重构公务员的利益奖励机制迫在眉睫。

公务员的晋升制度不尽合理。受传统仕官文化的影响，"官本位"成为相当一部分公务员评判人生价值的坐标。现行制度中职务高低和个人利益如薪酬、用车、住房、通信费等直接挂钩，加上关键岗位往往有着掌控人权、财权和物权的利益含量，许多公务员难免把"为官"视为最大追求。领导干部晋升渠道、管理模式的单一化，无疑又为"官本位"的繁衍提供了土壤。"职务本位"的盛行，导致领导干部能官不能民、能上不能下，忙于个人升迁而不顾百姓利益。而忠于国家、人民和正义事业的公务员却很少有升迁的机会，积极性容易受到挫伤。这些问题充分反映出我国现行职务晋升制度的缺陷，职务晋升的良性竞争环境还没有根本形成。

（二）惩戒机制滞后

忠诚作为一种价值选择，其对应的是义务与责任的承诺，放弃承诺通常意味着背叛。要通过制度安排让公务员因不忠行为付出代价，不能使公务员的不忠行为成为一种有利可图的活动，更不能使其因为忠诚行为而成为事实上的吃亏者。对于不忠于国家、人民和正义事业的公务员理应惩戒。

对行政不忠的公务员进行惩戒，具有很大的现实意义。首先，惩戒制度最直接、最基本的功能和作用就是惩戒和约束。惩戒是通过强制性的方式和手段，有效地防范和杜绝公务员渎职、失职和不公正的行为。如果公务员违背法

---

① 唐士其：《国家与社会的关系》，北京大学出版社1997年版，第85页。

律法规或者不履行其应承担的义务、职责，那么将无一例外地依法受到严肃的惩戒，从而强化公务员的行为规范和职业道德意识，提高公务员对国家、人民和正义事业的忠诚度。惩戒制度明确地告诉每一个公务员什么该做，什么不该做，以及违反的后果。这样，公务员就会以此约束自己的行为，以法律、纪律、规章作为自己的行为准则，强化法律意识。另外，对公务员的行政不忠行为进行惩戒还有教育和警示作用。对公务员实施行政惩戒的过程，也就是法律发挥教育作用的过程。这种教育不仅影响受惩戒的公务员本人，同时对其他公务员也会产生相应的警示作用。因为物质上的剥夺或精神上的贬损，受惩戒的公务员本人自然会从中受到教育和启发，从而改过自新。对于其他公务员来说，惩戒制度的实施同时还向他们明确地昭示：不忠于国家、人民和正义事业的行为会受到怎样的处罚，将会导致怎样的结果，从而强化公务员行为及其相应的意识，以儆效尤，引导大家努力工作，积极向上。最后，对行政不忠的公务员进行惩戒还具有评价与预测功效。在现实生活中，道德、纪律以及社会舆论也在一定程度上对人的行为起着评价作用。但是法的评价作用是以法的规范性、统一性、普遍性、强制性和综合性的标准来评判人们的行为。公务员行政惩戒制度的实施，一方面是对受惩戒者本人的否定评价，另一方面也是对整个公务员队伍组织建设的一个评价。法在对人的行为作出评价的同时，人们也会据此对自己的行为作出一种预测，可以预先估计到自己行为的后果或他人将如何处置自己的行为，从而决定自己行为的取舍和方向。一个公务员因某种行为而受到惩戒，其他公务员则可以从中吸取教训，预测到如果自己有同样的行为，也会受到同样的惩戒，从而立身自省，引以为戒。①

我国古代就有行政惩戒制度，对违法违纪的官吏进行惩戒是加强吏治、

---

① 刘茂华：《我国公务员行政惩戒制度研究》，山西大学2006届硕士学位论文，第8—9页。

维护政权统治的一项重要措施，为历朝历代所重视。战国时期，秦国就以考课严谨、赏罚分明而著称。一统天下之后，将其发展并向全国推行，制度更加完备。汉时的惩戒制度更为详备，其种类有降俸、贬职、免官和夺爵等。此后各朝沿袭承用，损益增补，逐渐形成一套完备的制度。明朝对官吏的处罚最为严厉，凡失职者，不仅给予行政惩戒，而且要受到刑事处罚。清朝为加强吏治，制定了《大清律》和《吏部处分则例》等法律规范，从法制上完善了对官吏的行政与司法惩戒。

国外也有对公务员不忠行为的惩戒制度。惩戒的条件是公务员主观上有过错，客观上有行政不忠的行为，并且该行政不忠的行为破坏了国家公务运行秩序。如瑞士《联邦公务员法》第30条第1项规定："公务人员无论无意失职或玩忽职守，均有可能受纪律处分。"日本《国家公务员法》第82条、《地方公务员法》第20条也规定，公务员违反了职务上的义务或玩忽职守时，作为惩戒，可作出免职、停职、减薪或警告的处分。关于公务员惩戒的形式，各国通常都作了明确规定，不允许在法定形式之外惩戒，同时惩戒的形式又是多种多样的，在法定形式之内采用哪种惩戒形式，由惩戒机关酌情决定。如法国《公务员总法》第五篇"惩戒"第30条指出惩戒的形式有："（1）警告；（2）训诫；（3）从晋升名单中除去；（4）减薪；（5）降职；（6）调动工作；（7）降级；（8）强制退休；（9）撤职，但保留领取退休金权利；（10）撤职，停止领取退休金权利。临时解除职务也是主要的处分或补充的处分，时间不超过六个月，在此期间，不付给一切报酬。"日本《国家公务员法》第82条规定惩戒的形式为"免职、停职、降薪和警告"，新加坡对公务员的惩戒分为口头警告、书面警告、停止常年加薪、罚款、取消养老金、免职、强迫提前退休、解雇等。关于惩戒的机关，各国的规定并不相同。如法国《公务员总法》第五篇第31条规定："纪律处分权属于享有任命权的机关,但它要履行1905年4月22日法律第65条规定的手续,并在与惩戒机构内的对等行政委员会协商后,才能行使处分权。"另外,《国家公务员地位法》第67条、《地方公务员地位法》第89条规定,除警告和训诫以外的惩戒手段,还必须经纪律委员会讨论和建议才能宣告。日本《国家公务员法》第84条规定"有处分权者为:(1)有任命权者;(2)人事院经本法规定的调查后,有权处分。"其中人事院设在内阁之下,由人事官二人组成。各国公务员惩戒程序与其行政诉讼程序相适应,各有特点。相比而言,美国的惩戒由各行政机关依不同的惩戒形式和事由作出,没有统一运用的程序,日本的公务员惩戒有任命权者权力很大,程序相对灵活。国外对公务员的惩戒制度还有不服惩戒的救济制度。如法国就规定,公务员不服惩戒的,可以采取申诉这种行政救济方式,也可以向法院提出撤销之诉和损害赔偿之诉。对于行政的救济手段,行政机关可以撤销、修改和维持惩戒处分,公务员最高委员会只能提出撤销、修改或者维持惩戒的意见,由行政机关酌定。对于司法手段的救济,行政法院将审查整个惩戒过程,包括行政机关的惩戒权限、公务员行政不忠的事实、惩戒程序、惩戒程度,最后可作出撤销惩戒。①

新中国成立初期的十年是我国行政惩戒规范的初步创建时期,中央人民政府通过了一系列行政惩戒的法律规范。1952年政务院制订了《国家机关工作人员奖惩暂行规定(草案)》,1957年第一届全国人大常委会第八十二次会议通过了《国务院关于国家行政机关工作人员的奖惩暂行规定》。这是新中国第一批比较系统的行政惩戒的法律规范,特别是《奖惩规定》,成为新中国成立初期对公务员不忠行为惩戒的基本法律依据。根据《共同纲领》

---

① 侯茜、范卫红:《外国公务员惩戒制度与借鉴》,《行政法学研究》2004年第1期,第22—24页。

的规定,中央人民政府政务院人民监察委员会于1949年11月正式成立,在政务院领导下主管全国的行政监察工作,负责监察政府机关及其公务员是否履行职责及行政惩戒工作。1959年之后的20年间,由于受极左思潮的影响,对公务员行政不忠的惩戒工作受到了重大挫折,撤销监察部的议案经第二届全国人大第一次会议通过后,全国各级各类行政监察机构也随之被全部撤销,对公务员不忠惩戒的立法更是默默无闻,惩戒制度受到了极大的破坏。十一届三中全会后,中国进入了崭新的历史时期,这一时期对公务员不忠的惩戒制度取得了实质性的进展。1980年11月,国家人事部发出了《关于贯彻执行1957年颁布的〈国务院关于国家行政工作人员的奖惩暂行规定〉的通知》,表明将进一步推进行政惩戒制度的发展。1986年12月,全国人大常委会作出了恢复设立中华人民共和国监察部的规定。1993年8月国务院发布了《公务员暂行条例》,专章对公务员的纪律惩戒作了规定,其中当然也包含对公务员行政不忠行为的惩戒。1997年5月全国人大常委会颁布《行政监察法》。2005年4月全国人大常委会第十五次会议通过了《中华人民共和国公务员法》。2007年4月29日,由监察部、人事部和国务院法制办公室联合起草的《处分条例》全文公布。根据以上重要的行政法律规范,国务院以及监察部、人事部等单位相继出台了一些配套的行政惩戒规定。各省、自治区、直辖市结合本地实际,制定了大量的行政惩戒方面的规范性文件。这些法律、法规和其他规范性文件对公务员行政惩戒的条件、种类、程序等问题都作了规定,形成了中国现阶段公务员行政惩戒工作的依据,当然也是对公务员的失职渎职行为以及其他不公平行为进行惩戒的依据。但目前我国对公务员行政不忠的惩戒制度还是存在很多问题:

第一,法定的惩戒事由及惩戒形式落后于现实。法律规定的惩戒事由是对公务员进行惩戒的依据,我国关于公务员的行政不忠惩戒事由的规定是不全面的，这就为行政惩戒的实际操作带来困难。在惩戒形式方面，法国、瑞士和日本等都将惩戒形式划分为三个层次，由轻到重设置：对较轻的行政不忠行为，采用警告、记过、罚款等形式；对于较重的行政不忠行为，采用停薪、停职、停止升迁、停止工资结算等形式；对于严重的行政不忠行为，采用降职、降级、免职、取消退休金、开除公职的办法。与外国的惩戒形式相比，我国对公务员行政不忠的惩戒形式的层次划分不明确。另外，我国对公务员不忠行为的惩戒形式不够丰富。我国目前行政惩戒处分较多地使用名誉罚和身份罚，如警告、记过、降级、降职、调职、撤职等，对于其他形式，特别是财产罚很少使用。例如没有减俸、扣除奖金、扣除津贴、停发退休金等。物质性惩戒主要是对受惩戒者经济方面的惩罚。这种惩戒形式仅使受惩戒者在物质利益上受损失，或者是其既得利益或者是其预期利益，但不会改变其现有的职务、级别、地位等其他方面的利益。在使用上也较为灵活，既可以单独使用，也可以与其他惩戒形式并行使用。所以这种惩戒方式对那些在财务经济上违纪的公务员是很适用的。

　　第二，缺乏公正合理的惩戒决定程序。我国至今没有建立起科学的、体现公正法律精神的惩戒决定程序，只有习惯性做法。这种惩处具有较大的随意性，违纪的公务员能否在惩处决定作出之前进行充分的陈述和抗辩，很大程度上取决于行政首长或办案人员的办事作风民主与否。这种做法不能以正当程序来限制和约束行政惩戒权的行使，从而为惩戒中的擅断和独裁行为提供了机会，容易让少数行政首长或办案人员以不良企图致违纪公务员遭到不应有的重处。因此，应当以正当程序理念来思考行政处分决定的程序，限制惩戒权的恣意行使，缓解行政惩戒法律关系主体双方的利益冲突。

　　第三，我国对行政不忠的公务员的惩戒管理模式有待商榷。公务员行政惩戒权是一种国家强制权，是国家管理和监督公务员的一种强制性权力。它的合理配置对监督、约束公务员的行为至关重要。我国现行的公务员管理实行的是人事级别管理与行政监察相结合的体制,但这种管理模式存在不足之处。一方面,各级人事部门集对公务员的录用、考核、奖惩、升降、任免、辞退于一身,没有具体分工,权力过于集中。这既有碍行政效率,又容易滋生腐败,对公务员问题的处理难免有失客观、公正与公平。另一方面,下级人事主管机关要受上级机关的指导与监督,所以在实践中,难免发生上级机关越俎代庖,以上压下;下级机关推诿塞责、欺上瞒下的现象。

第四,我国公务员行政不忠惩戒的救济机制不尽完善。复核、申诉和控告是公务员目前的惩戒救济方式,然而这三种救济均属于行政内部救济,这对于建设社会主义法治国家,构建社会主义和谐社会是远远不够的。我国对公务员行政惩戒的救济主要是在行政机关内部实施,救济系统相对封闭。作为行政惩戒决定的作出者,原处理机关在作出决定时必然有其认定的事实与依据,再由它对自己所作的处分决定进行合法与否的复核,其公正性让人质疑,同时也违反了"任何人不能做自己案件的法官"的自然正义原则。行政系统内部的上下级机关之间协作关系密切,上级行政机关从整体部门利益考虑,不会为某个个人利益轻易搞僵与下级行政机关的关系,而且相比之下,会更确信下级行政机关处理决定的事实与依据;政府人事部门对有关申诉的处理则表现出政治、道德评价意味较浓而法律适用不足的缺憾。①关于行政监察机关的救济,《中华人民共和国行政监察法》第二十三条和第三十八条规定,监察机关根据调查结果,认为对公务员的行政处分决定明显不适当,应予以纠正。监察机关只能建议原决定机关变更或撤销处分决定,但这种监察建议并不具备强制执行力,原决定机关仍享有实际的决定权。因此,我国对

---

① 刘茂华:《我国公务员行政惩戒制度研究》,山西大学2006届硕士学位论文,第34页。

于公务员行政惩戒的救济并不十分有效。将纸面上的规范权利转化为生活中的现实权利,这是救济的最大价值,倘若权利救济机制不能为公务员权利的实现提供公正有效的法律保障,那么该救济仅为名义上的救济。另外,对于受惩戒的公务员对再申诉的处理仍然不服或者对控告的处理不服这些情形,法律并没有作出具体规定。可见我国公务员不忠惩戒的救济机制不完善。

四、公忠文化保守:教育失当

公务员公忠制度的建设,其个体的认同以及外在的强制和约束起到很大的作用,而更重要的是通过开展道德教育,使人们形成道德意识、道德情感和道德品质,从而在实践中自觉遵守公忠的要求。为了有效地在公共行政中落实伦理标准,有效地按照道德标准选择公务员,西方国家非常重视对公务员的道德培训。例如在美国,行政道德培训自20世纪70年代的"水门事件"之后日益受到重视。1978年,美国成立了政府伦理办公室,它的一个重要使命就是负责行政道德的培训。具体工作包括:为白宫、下属机构、华盛顿地区的道德伦理培训者和工作者开设相关课程,公布《政府伦理培训的最新项目》和其他伦理材料,协助、监督和评审下属机构的伦理培训项目。美国政府伦理办公室的作用不仅仅在于它促进了本国行政道德的建设,而且还对许多其他国家起了示范作用。①

一般认为,道德教育就是综合运用道德教育的资源、渠道、方法和手段,按照一定原则对受教育者进行道德知识、道德原则和道德规范的全面灌

---

① 张萃萍:《当前我国行政道德建设存在的主要问题及其思考》,《四川行政学院学报》2008年第2期,第88—89页。

输和系统影响，从而使他们的行为能够按照一定的道德规范来进行约束和调节。公务员的公忠教育也应当如此。但是，在具体的操作过程中，教育失当的行为还是普遍存在的。

（一）公忠标准、规范不尽科学、完整

我国目前的公忠标准、规范，没有充分考虑到道德责任规范的先进性和大众性、崇高性和一般性的辩证关系和特点。行政人员至少有两种类型："一是政务类行政人员，即领导职务类行政人员；二是业务类行政人员，即按照国家公务员法进行管理的一般国家工作人员。"[①]对不同类型的行政人员，其忠诚义务的要求是有所区别的，对政务类行政人员的忠诚期望要明显高于业务类行政人员。因此，不能一概地用政务类行政人员的忠诚责任去要求并规范所有业务类行政人员。"一些过高的、不切实际的要求，会使政府官员产生高不可攀、望而却步的心理。也就是说，我们缺少一些具体的、可操作的、可评价的中介性责任规范。"[②]比如，我们要求政府及其行政人员都要做到全心全意为人民服务，这里的全心全意、人民和服务都是抽象的。我们没有办法按照这个标准去衡量政府及其行政人员是否真正做到了全心全意为人民服务。因此，必须将忠诚规范具体化、现实化。

近年来，政府职能的转变、公务员与公民关系的变化、社会规范的变化等等，都要求公忠规范必须作相应的调整，但是我国目前的公忠建设没能及时适应这些变化的要求，很多公忠规范还停留在以前的规定和形式上。大而化之的原则多，具体细微的规范少，游戏规则裁量空间大，缜密严格的针对

---

① 詹士友：《公义与正气》，人民出版社2006年版，第236页。
② 万俊人：《现代公共管理伦理导论》，人民出版社2005年版，第287页。

性小，人情导向有余，理性导向不足，致使公务员应遵循的公忠规范变得模糊，新旧体制转轨过程中的公忠规范建设陷于真空状态，符合时代要求和公务员工作实际的公忠规范体系没有真正建立起来，也导致个别行政人员钻空子，铤而走险，走向堕落。

可见，公务员公忠标准、规范的制定与修正是一项科学而系统的工作，直接影响公忠建设的成果及其推进速度。

（二）公忠教育相对落后

1. 公忠教育的认识滞后。当代世界各国都十分重视公务员的行政忠诚教育，并将其作为行政伦理建设的重要途径之一。有的国家从培训选拔开始就特别强调行政忠诚因素，有的国家在行政人员的教育培训计划中专门列入行政伦理方面的课程，而多数国家都将各种伦理政策和道德法规当做必备的教学内容。比如，法国《公务员总章程》规定，享有公民权、具备良好的道德品质是公职的报考者必须具备的条件，据此，法国国家行政学院在入学考试阶段，就要对每个报考者的道德品性进行调查，在考试内容上，不仅要考查应试者的知识水平和各种能力，还要考查他们的服务精神和各种道德品质。英国的文官伦理教育由来已久，他们主要有两种方式：一种是要求公共行政人员认真研读具有较高专业标准的伦理文献，认真体会其精髓，"文官应牢记在心，人民有权利希望他们自己的想法得到同情地、公平地考虑"；另一种是宣传普及伦理行为准则，让文官不断地向高标准的行为方式进步。美国的行政伦理教育专门由政府伦理办公室下设的教育办公室负责，除课程训练外，他们还出版有《政府伦理通讯》和其他伦理教育及宣传材料。在政府伦理办公室的影响下，美国的高等院校对公共行政专门人才的培训，也特别重视行政伦理内容的训练,有的还专门开设了《政府伦理学》、《公共政策伦理》等课程。可见,行政伦理教育对于行政伦理的建设和行政公正的实现,意义非常重大。①

1989年,针对党内存在的一些消极腐败现象屡禁不止,有的情况还日趋严重的现象,邓小平深刻提出"最大的失误在教育"的论断,至今仍具有现实针对性。邓小平历来重视对干部的思想道德教育,他认为存在的问题主要是"抓得不够"、"思想政治工作薄弱了",从当前情况看,是一些地方对公务员的思想道德教育活力不足、效率低下。江泽民在1996年"七一"前的重要讲话中曾说过:"严重的问题在于教育干部。大力加强干部队伍建设,提高广大干部特别是领导干部的素质,已经成为摆在全党面前的一项刻不容缓的重大任务。"《中共中央关于加强社会主义精神文明建设若干重要问题的决议》也提出,要"认真解决当前精神文明建设中干部和群众普遍关心的重要问题",其中被列为头等重要问题的是"坚决制止党政机关和干部队伍中存在的消极腐败现象"。因此,我国也必须大力加强公务员的公忠教育,通过必要的、有针对性的伦理宣传,通过强调价值层面上对公务员的改造,从情感影响入手,立足于对公共行政人员进行行政伦理的灌输,培养他们良好的道德习惯,激发他们的道德信念,形成社会主义的行政人格,根植"为人民服务"的行政理念并自觉贯彻到实际行动中。这样,有利于公共行政人员摆脱官本位主义、利己主义和封建特权思想的影响,增强其抵制外来诱惑、克服内在私欲膨胀的自我约束能力,并自觉地抵制腐败行为,从而更好地为人民服务,实现行政公正。

2. 公忠教育强调形式而忽视具体实效。公务员的公忠教育是不同社会

---

① 李振秋:《国外官德建设的借鉴》,《柳州师专学报》2006年第21卷第3期,第57—58页。

制度的政府为使公务员践行其公忠义务而依据一定的道德原则和规范，有目的、有计划、有组织地对其施加系统的公忠影响的活动。由于我国正处于计划经济体制向市场经济体制转轨的过程中，不可避免地会出现某些制度和规范的"空缺"，这必然会冲淡对行政主体的约束力，从而给失职渎职以及不公正现象的蔓延提供滋生的土壤。为了能在公共行政过程中使行政主体规避道德风险，更好地约束公务员的行政行为，就亟待加强公忠教育，培养公务员的行政忠诚。然而在现实生活中，公忠教育一直没有有效发挥其道德教化的功用。究其原因：一是教育的内容不新。讲传统道德和远大理想多，讲现行道德和现行规范少；讲应该做的道理多，讲现实怎么做的办法少；讲理想模式范例多，讲身边现实典型少。因而在内容上重复、雷同、陈旧，没有把时代的、现实的、科学的内容在坚持马克思主义理论的基础上广泛地加以学习、分析和借鉴。二是教育手段和方法不多。尽管电视教育、远程教学、网上学校已经成为社会的时尚，但对行政人员的德育还主要采取传统的教育手段，且在教育方法上重灌输轻启发，因而吸引力不强，教育效果不佳。三是教育的措施不力，没有形成行政道德教育的制度。学与不学、学多与学少没有要求，也没有检查督促，更缺乏奖惩的规定，以致教育流于形式。[①]

3. 公忠教育缺乏公忠修养培植长效机制，不能激发公务员行政忠诚的自觉性。公务员具备公忠自觉性，对于公务员的公忠建设具有至关重要的意义。梁雨润就是这方面的典型代表。梁雨润，被人民群众亲切地称为"百姓书记"和"梁青天"。他1992年开始从事纪检信访工作，曾任山西省夏县纪委书记、运城市纪委常务副书记，现任山西省信访局副局长。在纪检工作岗位上，他曾为宅基地被邻居强占32年的村民主持过正义；替被抢走苹果的果

[①] 张萃萍：《当前我国行政道德建设存在的主要问题及其思考》，《四川行政学院学报》2008年第2期，第88页。

农讨过公道；为六十多户村民解决了打井纠纷，化解了一场将要发生的大规模械斗事件。到省信访局工作后，他亲自接待上访人员两万多人次，解决集体上访近千件，召开协调会五百多次，督办解决了一批长期未能得到彻底解决的难案、积案。2002年，中央纪委、监察部对他进行通令嘉奖；被评为"全国精神文明建设十佳人物"；2003年，被中央电视台评为"感动中国十大年度人物"；2003年12月，中央纪委发出"关于在全国纪检监察战线开展向梁雨润同志学习活动的通知"；2004年5月，获"全国五一劳动奖章"；2005年，中央纪委专门组织了"梁雨润、张建国先进事迹"报告团，在全国巡回报告；2006年，被国家信访局评为"全国信访战线先进个人"，作为全国信访干部先进事迹报告团成员，在全国30个省市巡回报告。他视百姓为衣食父母，以人民利益为根本利益。他有着高度的责任感和使命感，矢志不渝地追求着为老百姓办事的政治理想。由此，我们也可以看出，只有具备了公忠意识，才能更好地进行公忠建设。①

马克思说："道德的基础在于人类精神的自律。"②尽管主体自律不是成就道德人格的唯一因素，但如果离开了主体的自律，道德就会失去支撑的基点。公忠修养，是指个体在公忠意识、公忠行为方面，自觉地按照一定社会或阶级的公忠要求所进行的自我审视、自我教育、自我锻炼、自我改造和自我塑造的活动，其目的是个体通过修养塑造自己的道德人格，锻炼和提高道德境界，从而做到对国家、人民和正义事业的忠诚。

古人既强调"德教为先"，又特别强调"修身为本"。公忠教育固然十分重要，但公忠修养也不容忽视，教育机制必须与修养机制结合起来，才能有效地保证行政伦理人格的养成。因为人不同于其他的动物，他有着自觉

---

① 引自三晋红E,《梁雨润》。
② 《马克思恩格斯选集》第1卷，人民出版社1972年版，第15页。

的能动性，而且随着实践经验的逐渐丰富，其自觉能动性也会随之增强。人的这种本性，决定了公务员从一开始对于公忠教育就不是原封不动地全盘接受，而是有选择、有取舍的。公忠教育究竟能够起到多大的作用，在于受教育者能够接受多少。正如毛泽东所说，唯物辩证法认为外因是变化的条件，内因是变化的根据，外因通过内因而起作用。因此，在公务员公忠伦理人格的养育过程中，其自我修养的自觉性具有决定性的意义。

公务员的道德人格，是指官员在作为一个"社会人"所具有的多重角色下，所应当具备的道德人格特征。马克思曾指出，人的本质并不是单个人所固有的抽象物。在其现实性上，它是一切社会关系的总和。作为"社会人"的国家公务员，他们不仅是公共权力的执掌者——即公务行为主体，而且也是一个作为个体存在的物质利益主体，在人格上不是单一人格，而是多重人格的复合体。一方面，社会对官员这一政治性极强的社会角色赋予了能力、素质、道德等种种要求，提出了符合执政党性质和社会主义国家本质的人格设定，就是要以公共利益为先。这种要求和人格设定，就成为公务员这一特定社会角色的基本条件。另一方面，公务员作为物质利益主体，社会通过让公务员领取工资、享受各种福利待遇，享有培训、学习、提拔、晋升等各种机会等等，赋予个体公务员以合法的利益。公务员除了这些利益之外，不应有特殊的利益追求。但是，利益具有原始驱动性，当这种公共利益与个体利益集于一身时，个体的行为便有两种可能，一种是将个体利益需求控制在符合公共利益，或至少不损害公共利益的范围内，使所执掌的权力沿着权力本质所规定的方向运行；另一种可能则是利用公共权力谋取私利，损害公共利益，也就是以权谋私。加强公务员的公忠修养，就是要使公务员在内心深处以道德自律来抑制谋私的原始驱动，从而外化为合乎公共利益的道德行为。公忠修养对于公忠制度的建设和完善具有重要作用，而目前我国并没有形成完善的公务员公忠修养机制，这样将不利于激发公务员行政忠诚的自觉性，从而最终不利于公务员公忠制度的建设。

4. 公忠教育缺乏实践性。在公忠教育中，如果把公忠知识、公忠规范和公忠原则的教育仅仅停留在口头上、书本上，缺乏联系实际，缺乏必要的实践环节，就没有正确地理解公忠的本质。因为公忠建设更重要的是要体现一种实践精神，而不能坐而论道，空谈玄论。公忠教育的落脚点是使教育对象掌握基本的公忠知识，还是培养受教育者的公忠观念和公忠判断力，从而使他们在行为上能够自觉地选择公忠行为？这是一个公忠教育观念的问题。当前，我们对公务员的公忠教育，往往忽视了把公忠知识的教育与官员自觉的道德实践紧密结合起来，从而产生了知与行脱节的问题。公务员的公忠实践首先取决于其道德选择。道德选择作为一种特殊的社会选择，是指人在一定道德意识的支配下，依据某种道德标准对不同道德价值所作出的取舍或抉择，也就意味着在一定条件下道德选择可能会面临价值冲突，这种冲突作为复杂的社会利益冲突在人们扮演的多重社会角色、承担的多种道德义务中必然会产生矛盾，在一些情境下成为两难选择。我们在前文中已经分析，在社会转型时期，由于社会经济成分的多元化，影响和导致了人们道德价值观的多元化，这种多元化的道德价值判断，同样反映到公务员的思想意识中来。那么，在公忠教育中，教育主体倡导的公忠价值观，与人们思想观念中现存的道德价值观就存在着冲突的可能，这种冲突、对立，可能使公忠教育的效果大为削弱。在现实社会中，受教育者接触到的不仅有正面的、积极的价值观念，也有反面的、消极的价值观念，这些观念混杂在一起，容易对受教育者产生不良的影响。因此，公忠教育的过程，就是帮助教育对象厘清界线、消除道德价值观念冲突、树立正确的道德观的过程。教育者在公忠教育活动中处于主导地位，要对公忠价值观冲突有清醒的认识，对冲突的原因进行全面的分析和研究，并以科学的态度对待和解决这些冲突，对于一些现实生活中的热点问题和理论上的盲点问题，按照党的方针政策予以合理恰当的解释、说明和论证，努力划清是非、善恶、美丑的界线，使受教育者对这些冲突能采取科学和冷静理智的态度。要让各级领导干部在面临各种道德选择时，能够以正确的道德观念指导作出正确的选择，在道德实践中进一步强化公忠意识，并在这种反复的实践中培养出高尚的道德情操。公忠教育的实践问题，对教育者提出了一个比较高的要求，也就是要"身教重于言教"。人们不光看你台上讲什么，更看你台下做什么，个别领导干部在台上讲得头头是道，表面上装得道貌岸然，一旦东窗事发，人们只会把他在台上所讲的也许从内容来说是正确的东西当成一种笑话，使公忠教育失去说服力。可见，强调公忠教育的实践性，需要从教育者、领导者身上做起。领导干部的道德品质、人格魅力，需要在实践中塑造和完善，只有把公忠知识、公忠原则、公忠规范融入到为人民服务的实践中去，才能使各级官员在实践中对照、检查自己的言行，纠正不正确的思想行为，使精神境界得到升华，成为一个具有高尚品德的人。

第四章

公忠之道：公正的伦理培育与道德评价

自古以来，人们就把官德的公忠和公平待人、秉公执法、大公无私、为人正直等官德的主要规范紧密联系起来。如果说公忠是官德之本，那么公正则是忠诚之德的具体体现和衡量标准。忠诚之心集中体现为为公之心，即公心或民心，而非私心。至此，行政公正和尊重民意已成为公忠的道德外化及其评价标准。

公正是公忠的道德要求和道德规范。在人类的一切社会关系中，尤其是行政管理实践中，如果说忠诚以及诚信是基础和纽带，那么正义和公正则成为标尺和向导。公正是人类道德史上最为古老的道德原则，也是人类道德的永恒主题和人类永恒的价值追求。公正作为道德原则一直存在于道德的深层结构之中，是人们心中亘古不变的道德定律，再也没有比公正理想更具有持久的魅力，没有比公正概念更能反映出对和谐的社会形态的憧憬。亚里士多德曾指出，假如社会对公正缺乏切实可行的共同理解，社会便会失去作为政治共同体存在的基础。对公正问题,人类进行了长期的探索。公正的内涵正是在这种探索中逐渐明晰起来的。古罗马法学家乌尔比安将公正定义为:"正义(公正)乃是使每个人获得其应得的东西的永恒不变的意志。"① 穆勒将这一定义进一步升华,他认为"人公认每个人得到他应得的东西为公道,也公认每个人得到他不应得的福利或遭受他不应得的祸害为不公道"。② 当代伦理学家麦金太尔也认为:"正义是每个人——包括给予者本人——应得的本分。"③ 这些探索,是人类智慧的体现,也是符合唯物史观的。唯物史观认为,道德起源于原始人在劳动分工基础上产生的调整人与人之间、人与社会之间利益关系的需要。这种利益调整的关系,通过一定的原则和规范,规定人们各应占有哪些利益,各应承担哪些义务,也就是将人们的权利和义务进行分配。正是在这种意义上,我们认为:"公正就是对社会成员之权利和义务的恰当分配,是社会关系的均衡合理以及达到这种均衡合理的关系所要恪守的规范尺度。"④ 具体来说,公正强调一种均衡的状态,在分配权利和义务时不多不少、公而不偏,参与分配的各方均得其所得,担其所担;举凡评判是非功过或赏罚予取,遵循公众认可或代表公众意志的准则而不偏私;按照同一的道德标准,同样地对待相同的人和事,不同地对待不同的人和事;方可谓公正。公正是最基本的道德规范,是伦理学的核心范畴,公正的价值,是多元价值的核心所在,在一定意义上甚至可以说,没有公正就没有道德,公正是公忠之道的核心所在。

公正还是公共行政主体忠诚道德的评价准则之一。官员的行政诚信度,根本上是取决于官员的公正德性。古希腊人很早就看到了公正的重要性。赫

---

① [美]博登海默著:《法理学——法哲学及其方法》,邓正来译,华夏出版社1987年版,第253页。
② [英]约翰·密尔著:《功用主义》,唐钺译,商务印书馆1957年版,第48页。
③ [美]阿拉斯代尔·麦金太尔著:《德性之后》,龚群译,当代中国出版社1996年版,第56页。
④ 卢智增:《行政公正研究》,广西师范大学2007年硕士学位论文,第4页。

拉克利特认为，"公正即善"。亚里士多德断言，"公正是一切德性的总汇"，"是最完全的德性"①，"公正不是德性的一个部分，而是整个德性；同样，不公正也不是邪恶的一个部分，而是整个邪恶"②。诚然，把公正等同于善是不科学的，把公正说成"最完全"的道德也有失偏颇。在外延上，公正不是所有的善；在道德境界上，公正也远不是最高的。但就道德效用而言，公正却是最重要的。这是因为，首先，公正是人性之需，不管人们之间持如何不同的价值观，公正一定是共同的目标，也一定是共同的道德渴望。其次，公正待遇能给人带来强大的激励力量。任何人在社会关系中，迫切的要求都会是希望别人和社会群体公正地对待自己，而社会首先要求于他的也是"公正地对待社会"。第三，公正的制度安排，有利于增进社会合作，消除社会群体之间的隔阂。如果公正问题得不到妥善解决，作为社会成员的每个人的基本权益就会受到损失，甚至会导致社会动乱。公正不仅是社会的基础，是社会进行制度设计的基本依据，还是社会秩序的起码标准和必要条件。因此，公正是一个人、一个社会最基本、最低限度的道德，也是最重要的道德。公正作为一种永恒的价值理念，于官德之要求，含义有二：一是社会伦理意义上的公平，二是个体德性意义上的正直，具体表现为分配公平、执法公正、为人正直、用人平等。正因为公正具有极高的道德价值，当政者往往以此作为"大道"之本，"齐民"之要，此所谓"大道之行也，天下为公"，"公正无私，一言而万民齐"。但是，当官者的腐败实质上也就是以权谋私，即从践踏公正开始的。谁要是失去了公正，谁就失去了官德之本，"官无大小，凡事只是一个公字"（朱熹语）。"天地之间有杆秤，那秤砣是老百姓。"老百姓对官员的道德评价尺度之一就是公正无私。

---

① 亚里士多德：《尼可马科伦理学》，中国人民大学出版社2003年版，第94页。
② 亚里士多德：《尼可马科伦理学》，中国人民大学出版社2003年版，第95页。

如何评价行政及其官员的公忠水准，民意是基本的道德评价标尺。民意是民主的表达，顺乎民意也就成为我们对待民意的基本伦理取向。由于民意是动态的，反应和检验民意的手段也可能不断变化。基于对民意的尊重和坚守，我们自然也应当顺应时代发展的民意新要求。

一、正义：政府的权能表现

罗尔斯认为，正义是社会制度的首要价值。他指出，正义的主要问题是"社会的基本结构，或更准确地说，是社会主要制度分配基本权利和义务，决定由社会合作产生的利益之划分的方式"①。邓小平也曾说过："我们过去发生的各种错误，固然与某些领导人的思想、作风有关，但是组织制度、工作制度方面的问题更为重要。这些方面的制度好可以使坏人无法任意横行，制度不好可以使好人无法充分做好事，甚至会走向反面。"②公正的制度可以约束、引导个体行为，从而塑造出具备公正美德的行政主体，作为政府职能外显的公共行政也就会在推动社会发展中实现行为最优化。邓小平所指的"制度好"和"制度不好"就包含了对制度公正的价值判断。一个国家的制度或体制如果是根源于公正的思想文化体系，服务于公正的目标，政府结构自然而然可以获得合理性基础。正如罗尔斯所说，一个人友爱、信任、同情、正义感的形成，都要"诉诸一种公正的制度背景"③。因此，没有社会制度的公正，个人公正也得不到合理说明。

政府官员公正的道德要求，源于政府本身的权能，正义是政府权力和能力的有机结合。公民的自然权利具有先在的正当性，通过一致同意的理性契约使行政权力获得了公共权威，政府代表公民承担履行管理社会公共事务的职能

---

① [美]罗尔斯著：《正义论》，何怀宏等译，中国社会科学出版社1988年版，第7页。
② 参见《邓小平文选》第2卷，人民出版社1994年版，第333页。
③ [美]罗尔斯著：《正义论》，何怀宏等译，中国社会科学出版社1988年版，第493页。

权,这便使权利政治观行使行政权力的正当性获得了证明。对行政的正当性诉求意味着对政府和行政权力的价值基础研究优先于政府制度具体形态的研究,对政府和行政权力的正义追问优先于具体制度的设计。基本权利体现着最根本的价值和原则,是法律权利的根基,而法律权利是一系列的规范和原则,既规定了人们如何获取利益,也规定了行政机构使用强制性权力的方式。政府权力来源于公民的权利,因此受制于法律。法律具有至上性,意味着政府是有限政府,意味着政府及其人员必须遵守法律的规则。对政府所施加的法律限制,是专制、任性、恣意妄为的行政权力的对立面,法治要求政府应由法律规制并服从于法律,从而使公民的自由权利得到保护。政府的职能给政府权力和能力规定了基本的方向和任务,而政府权力和能力是完成政府职能所规定的基本任务的必要手段。但是,政府职能范围越宽,政府权力越大,并不意味着政府的能力也越强。期望中最应保证和促进社会正义的政府,本身极有可能成为社会正义的最大破坏者。所以,在促进社会正义实现的过程中,政府正义建设就成为一个要着力解决的主要问题。温家宝总理说:"公平正义是社会主义国家制度的首要价值。公平正义就是要尊重每一个人,维护每一个人的合法权益,在自由平等的条件下,为每一个人创造全面发展的机会。如果说发展经济、改善民生是政府的天职,那么推动社会公平正义就是政府的良心。"[①]盲目扩大政府权力和职能,不仅不会提高政府的社会治理能力,反而会降低政府的社会治理能力,影响社会发展的方向和速度。可见,政府权力与政府能力之间并不一定达成正比关系。要使政府拥有推动社会发展的最大能量,必须协调好政府权力和政府能力之间的关系,这种协调的基础就是看政府是否代表了正义。一个政府是正义的,才可能要求政府的官员有公正的行为,或者说,一个政府只有源

---

① 引自十一届全国人大一次会议温家宝总理会见中外记者时答记者问。

第四章 公忠之道：公正的伦理培育与道德评价

于正义、旨在正义，政府行为才有公正可言，才能要求官员具备公忠之德。因为，人是有理性的，人创造政府的宗旨是为了个人能够过上理性的正义的社会生活。政府的根本目的是创造和保护公民或社会的公共利益，这是一个政治体系正义与否的根本标准，无论是个人还是政府，有损于公共利益的思想和行为都是非正义的。作为一个考量标准，在面对和衡量现实的公共行政制度和行政运作活动时，正义的价值体系就可以用来了解和评价公共行政制度和行政运作活动是否符合行政正义的要求。从政治的和法治的两个视角进行评价，从政治的角度考量其是否具有行政合法性和正当性，是否合乎权利价值观的要求，是否以人的尊严为终极价值目标；从法治的角度考量其是否依据法律规则行使行政权力，是否把行政行为纳入法律规范的框架内，是否通过组织控制的行政手段，来达到高效的管理结果。但这只是行政合法性的基本考察，理想的公正还需要行政主体能对多元的价值分歧有清醒的认识，对个体具体权利要求与普遍抽象权利的距离有合乎理性的解决能力，能妥当地运用行政自由裁量权。行政合理性要求政府对现实中公民的具体权利诉求能够积极地回应，并通过正当程序创造公民参与行政决策和监督行政活动的条件。保护社会公共利益的重要手段和方法是创造一个平等和谐的社会环境，而一个平等和谐的社会环境又有赖于一个公平正义的政府。只要政府是正义的，个人就必须服从政府。

那么，怎样的政府才是一个公平正义的政府呢？对此有理性正义论、神序正义论、契约正义论、自由主义权利正义论、制度正义论、社会正义论、仁礼正义论等多种理论。[1]这些理论尽管各不相同，但有一点是共通的，那就是认为人的道德重建是正义政府的根本保障。

理性正义论的代表是亚里士多德。柏拉图认为正义有两个特征：正义首

---

[1] 施雪华：《政府权能理论》，浙江人民出版社1998年版，第2—19页。

先是一种相关于他人的善，正义不包含恶，恶是不正义的，对恶的惩罚同样也是不正义的。[①]同时正义是一种总体的德性，而不是具体的德性。正义是对一切人而言的德性，是每个人都可以做到的。其他德性则是某个职业人群的德性，例如智慧是管理者的德性，勇敢是护国者的德性。作为总体的德性，正义的人在城邦生活中提供给他人的是"做好自己的事而不干涉他人做他们的事"这种总体性的善。每个人做好自己的事，造就整个城邦的繁荣；每个人不去妨碍他人做好他们自己该做的事，便造成良好的秩序环境，这构成了每个人做好自己的事的条件。所以，作为总体德性的正义，是人们获得具体德性的条件，它带来的是总体的善。在柏拉图的《理想国》中，第一次对正义范畴作了"正义即善"的哲学规定，并划分了个人正义和城邦正义。个人正义就是在智慧的统率下，使灵魂的各个组成部分协调一致，各司其职。城邦正义就是城邦的各个阶层各尽其责，互不干涉。亚里士多德继承和发展了柏拉图的正义论，第一次区分正义的不同学科归属。亚里士多德认为："公正是一种完全的德性。它是尚未分化的、相关于他人的德性。有了这种德性，人们就不但能以德性对待自己，并且以德性对待他人。所以，公正不是德性的一个部分，而是整个德性。"[②]亚里士多德在把正义作为一切德性总汇的基础上，进一步讨论了比例的正义、矫正的正义等问题。他认为，个人正义即公正、公平之品德，属于伦理学的研究范围；城邦正义则属于政治学的研究范围。在亚里士多德看来，公正之于个人是一种德性，是"全德"、"至德"；公正之于诚邦就是社会原则，它关系到财产分配和人际交往关系，因此它是"建立社会秩序的基础"，因为只有正义才能判断人间的曲直是非。从社会伦理角度而言，正义即公平的精神，不公平就是非正义，这是亚里士多德的基本认识。但是，他认为公平主

[①] 廖申白：《西方正义概念：嬗变中的综合》，《哲学研究》2002年第11期，第60—67页。
[②] 亚里士多德：《尼可马科伦理学》，苗力田译，中国社会科学出版社1990年版，第88页。

要是一种"比值"上的判断，而不是数目上的相等，即是质等而非量等。①那么政府如何实现"质等"呢？亚里士多德认为，主要应取决于城邦公职的分配制度，具体就是政治权利的分配必须以人们对于构成城邦要素的贡献大小为依据，所以只有人们的门望、自由身份或财富，才可以作为要求官职和荣誉的理由，受任官职的人必须是自由人和纳税人。这实际上就是把正义的范围限制在自由人，奴隶和外邦人则无法享受公平正义的权利，明显带有奴隶主阶级的局限性。但亚里士多德认为，政府是否是正义的，要以政府行为是否有利于人们在城邦中过优良的集体生活即理性的政治生活为标准，纯粹的个人利益是"不合乎正义"的，只有人类的公共利益才是正义的依归。这一思想为近现代西方政治学家所继承。

神序正义论的主要代表是中世纪神学家托马斯·阿奎纳。阿奎纳力图把基督教的神学正义论与亚里士多德的政治正义论结合起来，建立适合于封建等级和教阶制的正义论。阿奎纳认为，人是一种理性动物，他注定要过集体的社会政治生活，因为社会集体生活可以使人追求大于个人利益的社会公共福利。只有增进公共福利的政府才是正义的政府，否则就是非正义的。他强调并系统论证了不平等的正义性，区分出自然的正义和实在的正义、个人的正义和社会的正义。社会公共利益体现了上帝的绝对正义，因此维护社会公共利益甚而伤害个人利益也是正义的。在阿奎纳看来，世俗政府权能的构建应按神法规范的秩序来进行。符合神法规范秩序的政府是正义的，否则就是非正义的。人在社会生活中除了受自然法和人定法的约束之外，还必须受神法的支配。这样，判断政府行为正义与否就有了两个标准：一是自然法和人定法的规范，二是神法的规范。但在二者之间，神法是具有决定性意义的，

---

① 亚里士多德：《政治学》，吴寿彭译，商务印书馆1997年版，第140、235页。

既然能够保障人类既可享受世俗的物质利益、又能享受上帝的精神的政府，只能是按神法规范的秩序来建构和操作的政府，那么，根据宇宙中整体大于局部的神的秩序，神序正义下的政府必须以保护公共利益为根本点。也就是说，维护公共利益是政府的主要权能，只有这样的政府才是正义的，才符合神的安排。因此，神序正义论认为正义之源最终在上帝那里。

无论是古希腊德性正义，还是中世纪神学正义，都没有给对恶的现世惩罚在正义概念当中留下任何空间，但如果对恶的现世的任何惩罚始终都与正义不相容，那么人类岂不是要陷入恶的循环而永劫不复？契约正义论反对正义来自于上帝的思想，主张政府权能的正义性建立在公民与公民、公民与政府之间签订政治契约的基础之上，一切非经契约程序的政府权能都是非正义的。在自然状态下，人们受自然法的统治。当一个人受到伤害时，他就自然而然地要报复。自然法理论认为这种恶的报复是一种自然的正义。但是当人们订立契约，进入社会，建立国家以后，个人报复的权利就因契约的订立而被撤销，取而代之的是以国家为后盾的法律以中立的立场对实施伤害者进行惩罚。这种国家或政府以中立的身份对罪恶进行惩罚的形态，因正义的伸张，在一定程度上抵消了原有的恶，所以并没有增加恶，这种恶是必要的恶，尽管这种对恶的惩罚也具有恶的特性。由此，契约论思想家认为，正义当中内在地包含有对恶的必要惩罚。为了全体社会成员的公共利益和维护和平安宁的社会秩序，人们必须通过契约过集体的社会生活。如果政府行为超越了这种契约所规定的宗旨和范围，则将威胁到人类正义的生活秩序和公共利益，这样的政府就会成为人民的对立面，人民有权推翻非正义的政府。如霍布斯认为，正义是与契约相联系的，履行契约"包含着正义的源泉"。履行契约本身是自然法，因此正义的根本在于符合自然法。在自然状态之下，和平与安宁没有保障，于是人们自愿放弃自己的"自然权利"，签订契约，把一世权利交给某个个人或议会，即主权者。这个主权者就是政府，正义的政府应是公私利益结合得最好的政府。与霍布斯不同，洛克认为，公民在与政府签订契约时并没有完全放弃全部的自然权利，因此，政府权能不能超越公民和社会公共利益，人人有"不可让渡的权利"。卢梭发展了这一思想。他认为，人必须通过两次签约才跟政府发生关系。第一次是人与人之间通过相互签订契约来结成社会共同体，从而产生"公意"。公意是主权者之间的契约结果，是主权的最高体现。第二次是为了使"公意"得以进入实施状态，需要有一个执行公意的组织机构，于是人们又同政府签订了契约，这是主权者与治权者之间的行为。如果政府违背了"公意"，侵犯公民的自由和生命财产，政府的权能就是"非正义"的了。霍布斯认为经契约建立的专制政府是正义的，洛克认为经契约程序建立的议会主权是正义的，卢梭则认为只有人民主权的政府才是正义的。可见，契约正义论者在政府建立须以契约为前提这一点上看法相同，但对政府正义标准的认识却不一致。

自由主义权利正义论。自由主义者认为，权利是正义的基本含义。休谟认为，正义的核心是关于财产规则及其实施问题。[1]正义的原则有哪些？休谟认为这样的基本法则有三个，即"稳定财物占有的法则、根据同意转移所有物的法则、履行许诺的法则"[2]。这三条原则也可称为自然法。用现代语言来说，就是持有的正义、交换的正义和对承诺的遵守。其核心是对人们财产权的保护。休谟在这里持一种自由主义立场，即人们有一自由行动的空间，在此范围内，一个人可以自由地决定自己的行为而不受任何外部干涉。这种自由，是消极意义上的自由，它意味着对政府权力的限制，这样的政府只能是

---

[1] [美]阿拉斯代尔·麦金太尔：《谁之正义？何种合理性？》，万俊人等译，当代中国出版社1996年版，第405页。
[2] 休谟：《人性论》（下），关文运译，商务印书馆1980年版，第566页。

最弱意义上的政府，仅限于执行正义，从而"使遵守正义法则成为我们的最切近的利益，而破坏正义法则成为我们的最辽远的利益"①。自由主义的权利正义观从对他人的善的关切转移到对个人自由权利的保障的关切上，这是正义概念的一大发展。

社会正义论把社会作为政府与个人关系的中介组织和逻辑基础，认为政府是人的社会本能的产物，而不是人的理性选择的结果，政府只有抑制个人利己本能的泛滥，保障社会整体利益的存在和发展，才是正义的。这种学说的主要代表是孔德。孔德认为，人有利己和利他两种本能。社会就是在这两种本能的矛盾运动中产生和发展的。政府作为权威来调节社会关系，就像家长作为权威调节家庭关系一样顺其自然。其原因在于，人的合作与服从的本能使大家认识到政府的必要性。政治的依从关系是根据人的智能的高低来确定的，这是一种合乎自然的结构关系，也是一个社会有机体得以保持平衡与稳定的必要条件，是合乎正义的。在这种社会正义原则的支配下，维持和巩固现有的社会有机结构成为政府权能的根本目的所在，而社会有机结构不断变动的需要则是政府权能弛张的依据和基础。符合社会有机结构正义原则的政府权能是正义的，否则，就是非正义的。因此，孔德从社会存在和发展的需要来解释社会整体利益的必然性和必要性，并以此作为正义的基础，无疑也是一种明智之见。

制度正义论的主要代表是罗尔斯。罗尔斯认为，所谓制度正义是指社会基本结构的正义，即社会基本制度对基本权利和义务的分配，这不同于功利正义论。制度正义的目的是维护"公共善"。要实现制度正义，必须坚持两项基本原则：第一个原则是平等自由的原则。它要求在各种基本权利和义务的分配上实现平等，也就是说，每个人都享有一种平等的权利，享有与他

---

① 休谟：《人性论》（下），关文运译，商务印书馆1980年版，第575—578页。

人所拥有的自由相一致的最广泛的基本自由。第二个原则是机会的公正平等原则和差别原则的结合，也就是在社会的某些方面，承认机会平等前提下不平等的合理性。第一个原则优先于第二个原则，而第二个原则中的机会公正平等原则又优先于差别原则。如何使制度正义付诸现实呢？罗尔斯认为体现正义的两个基本原则的良序社会，首先应当保证公民的基本自由权利，只有保证了每个社会成员的基本权利，才能确保人的尊严得以维护。其次，正义的社会制度还要对每个社会成员体现机会平等原则，它旨在对社会成员尽可能地提供平等的机会，其目的是充分开发社会成员自身所拥有的潜力并进而激发社会总体的活力。再次，制度的正义性还应体现对社会成员按贡献进行分配的原则，它旨在从直接分配的层面上合理体现每个社会成员对社会的贡献，以保证每个社会成员自身的正当利益。最后，合理的制度安排还应体现矫正正义原则。罗尔斯还提出了一系列规范行为的准则，如宪法对"公共善"的维护、平等参与政治、政府对政治自由的价值补偿及法治等。罗尔斯始终把维护"公共善"的正义事业寄托在政治制度或政府行为自身完善上，认为只有政府行为本身合乎正义，才有理由要求公民服从。这样，罗尔斯就实现了从个人正义向政府正义、从内在的道德正义向外在的制度正义的根本性转变。

在中国，以孔孟为代表的古代儒家提出的是一种仁礼正义论。在儒家看来，臣民与政府、人与人之间是一种等级严格的关系，这是一种固定的差序，不能打乱。而维护这种等级关系的基础是"仁"，具体手段是"礼仪"。"仁"是"礼"的基础，"礼"是"仁"的具体化，政府就是要施"仁政"，才是合乎正义的，否则就是非正义。对于国君和政府来说，"仁政"的核心就是"仁者，爱人"，就是"爱民如子"，然后是行"尧舜之道"，关心社会和臣民的生产和生活，实行"轻徭薄赋"的仁慈政策，最后是道德自律，才能为万民所拥戴。

尧舜禅让：帝尧是一位十分仁德的君主，富兼天下却从不骄恣放纵，地位尊贵却毫无傲慢习性。在位期间，百官各尽其责，四方诸侯和睦共处，百姓安居乐业，被后人誉为古今贤明君主。帝尧认为虞舜德才兼备，准备让他接替帝位。但舜认为自己的德行不够，再三推辞，而此时尧年事已高，便命舜代理天子执政。舜择吉月吉日，召见四岳及天下诸侯，每五年巡视一周，四方诸侯则在其余四年里轮流朝见天子。舜亲自指导他们如何治理百姓，对他们的政绩进行公开考核，对成绩突出者赏赐车马衣服。还在全国设立九州（后改为十二州），并广泛疏通河道。将刑法刻在器物上颁布天下，用放逐来惩罚触犯五刑的罪犯，用鞭杖作为官府的刑罚，用戒尺作为学校的刑罚。过失犯罪允许用黄铜赎罪，无心之过或因自然灾害导致的犯罪，予以赦免，对屡教不改者则严惩不贷。于是国内太平，天下归心，四方百姓全都心悦诚服。①

这样的国君和政府才是合乎天道、顺乎民心，才是正义的，否则就是"无道"，即非正义。既然社会的差等是"天道"所定，那么只有维护这种等级关系才是正义的，这就产生了"礼治"。"礼治"就是正名，就是社会中的每个人都必须按贫富、贵贱、上下等名分来规范自己的行为，不可"犯上"，"唯上知与下愚不移"。中国两千多年的封建社会就是在这种"仁礼"之下稳定而延续发展。这样一种仁义正义论本质上是一种道德正义论，同西方的法治正义有着根本不同。用"仁礼"来证明现存社会的合法性、正义性，又用"天道"来说明"仁礼"的绝对性和神圣性，本质上同神序正义没有差别。中国人很少对政府的正义性产生怀疑，其缘由在此。

---

① 参见王文升主编《中国廉政勤政故事》，中国方正出版社2007年版，第3—4页。

综上可知，维护社会公共利益和社会秩序是政府的主要权能，也是正义的价值之所在，在这一点上，古今中外的思想家已形成共识。尽管对正义的来源和实现途径看法不一，但对政府的正义期盼是共同的。今天，当我们在市场经济条件下呼唤公正的时候，同样首先应是对政府的要求，然后才是对官员的要求。

二、公平：社会的伦理规定

如果说正义是公正的制度性要求，那么，公平则是公正的伦理性规定，也就是说公平、正义、公正不是完全等义的概念。严格来说，公正主要指的是为人处事的态度和精神，它的对应概念是偏私。而公平不仅包含着人的主观态度和人格精神的道德评价，而且包含行为当事人对行为的陈述及结果的评价，也就是说，态度公正并不意味着结果必然公平。正义主要是一个政治伦理范畴，是一种客观精神，它的反面是邪恶。正义自然包含了公平，公平的也必定是正义的。但是正义主要是一种法理精神，主要用于制度设置的合理性方面，而公平则主要是交换过程中的一种利益分配原则。那么，究竟什么是公平呢？王海明先生认为，公平就是等利（害）交换。①这实际上抓住了公平的两个根本性问题：第一，公平关系本质上是一种利害关系，没有利害的地方，无所谓公平问题；第二，公平关系是一种交换关系，没有利益交换，也就不存在公平问题。公平体现的是人类社会关系中一种实实在在的价

---

① 王海明、孙英著：《公平新论》，载《中国社会科学季刊》（香港），1996年夏季卷。根据此文的观点，公平的总原则是："凡是等利（害）交换的行为都是公平的，凡是公平的行为都是等利（害）交换的。"

值关系和伦理要求,可以说,公平集中体现了公正或正义的要求。以至于有的学者认为公平就是包容公正精神、合乎正义原则、体现公民权利、维系公众心理平衡的经济行为的道德准则和伦理规范。[1]可见,公平的实质内容所反映的是人自身的社会地位和利益关系,这种关系大致表现在三个方面:权利与义务的关系、利益分配关系、公平与效率的关系。

(一) 权利与义务的关系

权利与义务相等是公平的根本性要求。权利和义务是人类社会特有的文化现象,是人的社会定位标志。"广义的权利概念标志着人们能够或实际做出某种行为的自由度,以及所应获得的利益。广义的义务概念标志着人们应该、必须或实际做出或抑制某种行为的约束度,以及所应承担的责任。"[2]权利作为一个伦理学概念,有如下基本规定:第一,从人性基础看,权利总是对人们利益需求的反映,对人们的生存和发展有积极作用。权利不是一种空洞的口号和宣传,而是实实在在地与人的生存和发展息息相关。需要及其满足是人的生命活动的基本动力,利益则是需要在社会关系中的具体化。人们通过权利表达自己的需要,通过权利实现自己的利益。第二,从社会本质上看,权利是社会关系的产物,也就是说,权利所反映的不是一般的需要,而是那些其满足与否直接与他人、社会有关系的需要,因而,权利总是存在于一定的社会关系之中,反映着人与人之间具体的关系,表现为一种对人的要求。人也许可能在不直接涉及他人的情况下产生并满足某种需要,但权利总是产生于人为因素对正当需要满足的现实限制或可能侵害。尽管几乎所有

---

[1] 张正霖:《公平与分配的三个领域》,《中南财经大学学报》1997年4期,第36—43页。
[2] 罗国杰主编:《道德建设论》,湖南人民出版社1997年版,第103页。

的需要都可能受到人为因素侵害的威胁,从而使现实的或可能的权利几乎覆盖了人的所有需要,但权利仍然是对需要的一种社会关系的确认,即权利总是把自己的重点放到人与人的关系上,把对一般事物的需求上升到对特定人的要求,把与一般事物的价值关系扩展为特定人的价值关系。第三,从伦理本质上看,权利不仅是为了满足自身需要而提出的要求,而且必须是一种合理性要求。所谓合理就是指权利要求应遵守一定的规则,使自身需要的满足不妨碍他人正当利益的实现。权利虽然源于主体需要,但主体需要并不全部构成现实的权利。只有当主体需要的满足不损害他人、社会利益,并将这种要求作为社会共同的需要时,才构成现实的权利。第四,从现实性看,权利是一种自由选择能力。权利意味着人的一种意志自由,即人对满足自身需要的一种自愿选择。如人有结婚的权利,但他也有放弃结婚而独身的自由。自愿地放弃权利是行使权利的一种表现。如选举权本身就包含了放弃选举的权利。我们不能仅在与权利相关的具体事物的层次上理解权利,而且必须从权利主体即享有权利的人的行为姿态与能力上理解权利。主动、自愿的行为是行使权利,被动、强迫的行为是权利的丧失。

　　权利和义务是不可分的,"没有无义务的权利,也没有无权利的义务"①。"义者,宜也。"宜即适宜、应当。所谓义务,就是对他人或社会做自己应当做的事情,做与自己的职责、使命、任务相宜的事情。义务作为一种社会生活原则,要求每一个共同体、社会集体成员在维持和推动社会集体利益方面发挥各自的作用。"作为确定的人,现实的人,你就有规定,就有使命,就有任务,至于你是否意识到这一点,那都是无所谓的。这个任务是由于你的需要及其与现存世界的联系而产生的。"②人之为人,就有义务

---

① 《马克思恩格斯选集》第2卷,人民出版社1972年版,第137页。
② 《马克思恩格斯全集》第3卷,人民出版社1956年版,第329页。

的规定,不存在没有义务的人生。义务是客观存在的,是他律性的,是一种"应当",具有社会历史必然性的要求。当人们履行义务时,就变为一种现实的社会责任。尽管义务与责任都表达着一种客观的外在的社会要求,但在伦理意义上是有区别的:责任除了与义务一样表达"分内应做的事"这一含义外,还强调"对行为后果的承担";义务偏重于约束和限制的外在性、社会规定性,责任则突出外在约束的内化和自觉化;义务偏重于对某种任务的不得已而为之,表现出一种被动态,而责任则是对某种任务的主动承担。因此,当一个人只是一般性地享受权利和履行义务时,这只是作为一个公民的基本要求,不足以凸现道德上的崇高和伟大。作为一个官员如果只是一般性地履行公务,没有进入责任状态,就谈不上有德。关于官员的责任感问题,将在第四章详细论述,在此只是说明,尽义务只是做人的基本要求,只有把义务上升到主体责任,才实现了道德上的升华。

权利和义务是平等的。这种平等源于社会需要和个体需要的内在关系要求。一个社会成员的各种义务是与其他社会成员的权利相对应的。如果要求别的成员尊重自己作为一名成员的权利,首先要尊重其他成员的权利,履行自己相对应的各种义务,同时他也就可以使自己被承认并且尽可能履行与其他成员的权利相关的义务。如果一个社会成员要求其他成员尊重他的权利而又拒绝尊重其他成员的权利,并且不履行相应的义务,就是一种不平等。美国当代著名哲学家丁·范伯格对权利和义务的对等性进行了道德关联学说与逻辑关联学说的区分。他认为,"没有义务就不可能有权利,没有权利也不会有义务,权利与义务是对等的"。同时他还认为,"获得和拥有权利的先决条件是承担义务和责任的能力和意愿。接受义务是任何人为了获得权利必须付出的代价",这种理论被称之为权利和义务的道德关联学说。"而逻辑关联学说断言,赋予一个人的权利在逻辑上至少需要有一个对他负有义务的他人存在。"①他明确指出："一切义务都需要以他人的权利为条件，同时，一切权利都需要以他人的义务为条件。"②这种权利与义务的对等、守恒要求，反映了权利义务关系的一般性。但道德上的权利义务关系有它自身的特殊性，这种特殊性主要表现在道德义务对于道德权利的先在目的性，道德义务不谋求相应或对等的权利。对于行为者来说，履行道德义务，不但不是为了从社会或他人得到某种权利和报偿，而且常常意味着要做出或大或小的自我牺牲。道德作为诉诸人类内在德性光辉的调控手段，使得人们在履行道德义务时能够相对超越一己功利目的。如果一个人履行道德义务是出于某种功利目的，是为了获得某种权益，那么，该行为就不具有道德价值。官德产生于政治与道德的共域，一方面必须遵守权利义务关系逻辑上的对等；另一方面又必须超越这种对等而服从道德上的牺牲。当我们撇开政治、法律范围来考虑道德责任时，就出现了许多不同的而且与权利无关的义务。当官员真正从道义出发时，他们的良心要求他们去做的事情，比他们心目中的受益者能够要求他们所尽的义务更多。

在社会关系中，一个人的权利与义务具有两种性质，一是社会分配给他的权利和义务，二是他主动行使的权利与他所履行的义务。社会分配给他的权利和义务，不是他自由选择的，而是社会设定的，正如马克思、恩格斯所说，"作为确定的人、现实的人，你就有规定，就有使命，就有任务，至于你是否意识到这一点，那是无所谓的。这个任务是由于你的需要及与现存世界的关系而产生的"③。不言而喻，社会分配给一个人的权利和义务相等时才是公平的，否则就是不公平的。"没有无义务的权利，也没有无权利的义

---

① [美]丁·范伯格：《自由、权利和社会正义》，王守昌等译，贵州人民出版社1998年版，第87页。
② [美]丁·范伯格：《自由、权利和社会正义》，王守昌等译，贵州人民出版社1998年版，第89页。
③ 《马克思恩格斯全集》第3卷，人民出版社1956年版，第329页。

务",表明了权利与义务的对等性。人们深恶痛绝的特权行为,实际就是权利多于义务的行为,是不应该的行为。一个人所行使的权利与他所履行的义务,是他自己能够自由选择的。他能够放弃所享有的一些权利而使所行使的权利小于所享有的权利,也能够不履行所负有的一些义务而使所履行的义务小于所负有的义务。可见,一个人行使的权利等于所履行的义务是公平的,一个人所行使的权利大于所履行的义务是不公平的。在阶级社会里,"几乎把一切权利赋予一个阶级,另一方面却几乎把一切义务推给另一阶级"[①],不可能实现权利与义务的对等。只有社会主义社会才为权利与义务的统一提供了可能。这种统一体现在两个方面,一方面,每个社会成员都体现着权利和义务的双重规定性,是享有权利和义务的统一体;另一方面,全体社会成员既享有同等的权利,又承担着平等的义务。这样,任何人都不会因只享受权利而成为特权者,也不会因负有过多的义务而沦落到受奴役的地位。

(二)利益分配关系

公平合理的利益分配尺度是社会进步的重要杠杆。如果说个人对社会、对他人负有一定的义务的话,那么在一个公正合理的社会中,个人在履行了义务之后,通常会得到社会一定的报偿,最好是对等的报偿。分配的公平与否直接体现了社会的公正程度,并且事关社会的稳定与发展。正如恩格斯所说:"这个公正却始终只是现存经济关系在其保守方面或在其革命方面的观念化、神圣化的表现。"而作为经济领域的公平,就其存在状态看,包括起点的公平、过程的公平以及结果的公平。所谓起点的公平,是指所有的社

---

① 《马克思恩格斯选集》第2卷,人民出版社1972年版,第539页。

成员都可以平等地受到国家法律、法规等一切方面的同等保护，大家在同一种规则同一个起点下进行竞争。所谓过程的公平，是指每个公民都有相同的机会在同一原则下参与社会活动的每一件事情。所谓结果的公平，是指不管每个公民的素质、知识、能力、性别以及在依法前提下进行的活动是否有差异，都不应让其经济地位、生活享受等方面产生巨大的或本质上的差异。

在我国社会主义条件下，生产资料的公有制赋予社会成员平等地占有生产资料的权利，并展示了共同富裕的前景。我国的分配原则是各尽所能，按劳分配[①]，它使一切有劳动能力的人对劳动有同等的权利和同等的义务，给社会提供的劳动的质量和数量，成为社会在一切有劳动能力的成员间进行消费品分配的普遍而同等的尺度。社会按每个人劳动的质量和数量，赋予其应该享有的报酬，各人得其所应得。在构建和谐社会的进程中，全国人民的根本利益是一致的，党的方针政策的制定和贯彻，基本着眼点就是要代表最广大人民的根本利益，正确反映和兼顾不同方面群众的利益，使全体人民朝着共同富裕的方向稳步前进。既要保护发达地区的利益，又要高度重视和关心欠发达地区的利益；既要保护优势产业的利益，又要高度重视和关心困难行业的利益；既要保护通过辛勤劳动与合法经营先富起来的人们的利益，又要关心普通群众的利益，特别是要高度重视和关心农民、城市低收入居民和其他困难群众的利益。要正确处理个人利益和集体利益、局部利益和整体利益、当前利益和长远利益的关系，把最广大人民群众的切身利益实现好、维护好、发展好，把他们的积极性引导好、保护好、发挥好。这就要求我们坚持尊重劳动、尊重知识、尊重人才、尊重创造的方针，正确反映和兼顾不同方面群众的利益，使一切有利于社会进步的创造愿望得到尊重、创造活动得

---

① 《邓小平文选》第2卷，人民出版社1994年版，第30页。

到支持，让一切生产要素的活力竞相迸发，一切创造社会财富的源泉充分涌流，形成人人想干事、人人能干事、人人干成事的社会环境。只有这样，我们的利益分配才能始终获得最广泛最可靠的群众基础和力量源泉。

在这种情况下，劳动者之间富裕程度的差别只应当是由于劳动的差别，而不应当是别的原因。当然按劳分配并不是搞平均主义，相反，我们要打破"大锅饭"，允许一些地区、一些人先富起来，鼓励先富起来的人和地区帮助未富起来的人和地区，以利于逐步实现共同富裕。在经济快速发展的阶段，收入差距在必须限定的合理范围内适当扩大，是激发劳动积极性的客观需要，也是经济发展不平衡的必然结果。承认差距，鼓励竞争，并逐步缩小差距，在差距中求得波浪式的和谐发展，从而形成一种良好的互动、竞争、进取的状态。在社会主义市场经济条件下，执行按劳分配原则，有两个问题是无法回避的：一是由于市场竞争，一些企业倒闭，一些人失去劳动机会，也就意味着无权享受分配；二是劳动不再是创造价值的唯一来源，资本、技术等也是参与分配的重要因素，仅按劳分配显然行不通。这就意味着社会的贫富差距会客观存在，并在短期内不会消除，或许还会增大。为坚持社会主义的公平原则，一方面要利用税收等杠杆，进行社会财富的再分配，尽可能消除贫困，缩小收入差距；另一方面要加快社会保障事业，"惠顾最少数最不利者"的"最起码"利益。

（三）公平与效率的关系

公平与效率的关系，是经济伦理领域中最重要的问题之一，也是任何一个社会在运行过程中都会遇到的问题。效率体现了生产过程中投入与产出之间的比例关系。投入成本低于产出收益，我们称之为有效率。投入成本越低，产出收入越高，其效率也就越高。首先，公平与效率是辩证统一的关

第四章 公忠之道：公正的伦理培育与道德评价 153

系。一方面，公平与效率是对立的。公平原则的实质在于使人与人之间的差别尽可能地缩小，但是没有差别的状态又常常会挫伤人们的进取心；另一方面，公平与效率又是统一的，公平有赖于效率，效率也有赖于公平。表现在：提高效率是实现公平的前提和物质保证。反过来，一个公平的分配原则的制定、落实，必然会极大地调动人们的积极性，使社会资源得到有效、合理的利用，带来效率的提升。其次，公平与效率是一种历史的统一关系。由于人们对物质和精神等方面的需求是无止境的，在社会生产力和人的觉悟尚未达到极高的状态（如共产主义社会）前，公平与效率的矛盾就不会消失，二者相互斗争，又相互促进，从而不断推动公平与效率在更高层次的统一。第三，公平与效率的关系在现实发生作用的表现形式主要有三种：一是完全一致，即公平促进效率，效率提升公平；二是完全对立，即要公平就没效率，要效率就没公平；三是处于中间的状态，即经济的增长效率与国家的收入分配政策并不完全相关，也就是彼此影响不大的情况。为此，我们在实践中要把二者有机地结合起来，要从整体上和动态上保持公平与效率的平衡，使公平与效率问题始终处在一个合理的度的范围，甚至在特定情况下（如当前）强调公平优先。党的十七大报告中明确指出，"初次分配和再分配都要处理好公平与效率的关系，再分配更加注重公平"，也充分说明了这一点。

　　一种社会经济体制的效率如何，关系到社会全体成员的经济福利，关系到全体成员物质生活和精神生活需要的满足。因此，自古以来人们都在追求效率的最大化。但是，效率的追求有时会损害公平。公平的实质在于缩小差距，共同富裕，但是没有差别的公平又会挫伤人的积极性。在计划经济时代，我们实行的是一种平均主义，干与不干一个样，干多干少一个样，干好干坏一个样，这就割断了权利与义务连接的纽带，使懒惰者无偿地占有他人的劳动，造成了事实上的不公平，导致社会生产力发展停滞，经济无效率，人民群众的物质生活长期得不到改善。效率的实质在于促进社会和企业经济效益的提高,促进社会生产力的发展,因而它注重的是对个人实际贡献的评价,并以此来决定收入的分配。如果把效率放在首位,则自然会拉开档次,扩大收入差距;如果照顾公平,对低收入者进行补贴,又会影响另外一部分人的积极性,使效率降低。所以,许多经济学家认为,公平和效率是"鱼与熊掌不可兼得",要实现公平,就要牺牲效率,要提高效率,就得牺牲公平。

当然,我们坚持公平与效率的统一观,但在这种统一中毕竟有一个谁主谁从的问题。从根本的意义上说,公平是主要的,效率只是实现公平的手段。但是,我们正处于社会主义的初级阶段,市场经济体制正处于健全之中,往往是公平有余而效率不足。正是在这种条件下,党中央提出了"效率优先,兼顾公平"的思想。效率优先,就是要以经济建设为中心,大力发展生产力,坚持"三个有利于"。兼顾公平就是要把收入分配的差距限定在合理的范围之内,防止两极分化。江泽民在党的十五大报告中提出:"把按劳分配和按生产要素分配结合起来,坚持效率优先、兼顾公平,有利于优化资源配置,促进经济发展,保持社会稳定。依法保护合法收入,允许和鼓励一部分人通过诚实劳动和合法经营先富起来,允许和鼓励资本、技术等生产要素参与收益分配。"这不仅是我们在目前社会主义初级阶段处理公平和效率矛盾的指导思想,也是当前背景下公忠之道的伦理培育准则之一。

三、正直:个体的德性要求

社会公正也依赖于个人公正。一个公正的社会制度具有相对性,这种相对公正的制度,终究是通过人来制定和执行的,是通过人在执行的过程中改进并日趋完善的。作为人格美德的公正乃是制度公正的前提，没有前者，后者既不可能，也无实际意义。社会成员，尤其是公共行政人员的公正观念如何，将会直接影响社会公正的实现。如果说，社会制度的公正能维护社会秩序的和谐稳定，那么，社会成员尤其是公共行政人员的公正理性精神则是保证社会制度公正的生命力。

公正，在个体身上的德性表现就是正直。正直反映的是人们在社会生活中公正、诚实、不偏邪的一种品德，即不仅己身正而且能正人之曲。正直的对立面是虚伪、欺骗、伪善、背信弃义。公正从社会伦理意义上反映的是以权利与义务为中心的人们相互关系的合理状态，体现在制度层面上是正义和公平，体现在德性层面上就是为人正直。如果说正义、公平反映的是社会与他人如何对待"我"的关系，那么，正直反映的则是"我"如何对待社会与他人的关系。这也是社会伦理关系与道德关系的区别之一，即社会伦理关系的本质是"社会（他人）→个人"的关系，而道德关系是"个人→社会（他人）"的关系。近代正义论是沿着社会伦理关系展开的，而古代正义论是沿着道德关系展开的，也就是说古代正义论（尤其是中国古代）是从属于德性论的。在中国古代传统道德中的正义实际上就是"义""正"，即"义即中正"，有"义"就是"正"，"正"，先不在人，而在于我。也就是说，我有了"义"，也就会"正"，我"正"，则天下大治。"义"就是一种道德要求，"所谓义者，为人臣忠，为人子孝，少长有礼，男女有别；非其义也，饿不苟食，死不苟生"①。有了这种"义"，就是"正"。董仲舒说得更明白："义在正我，不在正人，此其法也。夫我无之而求诸人，我有之而非诸人，人之所不能受也，其理逆矣，何可谓义？义者，谓宜在我者。宜在我

---

① 《商君书·画策》。

者，而后可以称义。故言义者，合我与宜，以为一言。以此操之，义之为言我也。故曰：有为而得义者，谓之自得；有为而失义者，谓之自失；人好义者，谓之自好；人不好义者，谓之不自好。以此参之，义我也明矣。"①中国哲人探讨公正、正义是从个人品德开始的，由个人扩展到家庭，由家庭扩展到国家。西方人也不例外。古希腊的柏拉图十分重视正义的美德。他认为正义就是"做你自己的事情，不要干涉别人的事"，或者说，"正义就是履行自己的义务"。在柏拉图看来，正义是其他美德（智慧、勇敢、节制）实现的最高境界，没有正义，其他美德就失去了最高的目的。正义的本质不单在于社会关系和职能的外部调节，更重要的还在于个人内在精神状态的品质。国家之所以能够实现正义，必须是由于每个人认识到自己的天职，并且按照善的要求去做，这样才能形成国家整体的善和正义。

因此，柏拉图把正义看做是个人应具有的美德。在柏拉图看来，国家与个人有相同之处，国家有三个"等级"，个人也相应有理性、情感和欲望。当它们三者和谐地发挥出职能时，就表现出正义的美德。中外思想家的这样一种思路，绝不是偶然的巧合，而是体现了社会关系中的某种"公理"："社会公正并不纯是社会的，它内在地包含着个人生活的内容，包含着个体间的相互交往关系结构，若个体生活不能提升，操守不能纯洁，那么社会公正也是镜花水月，子虚乌有。"②那么，正直体现了什么样的德性要求呢？一是诚实，二是坚定的原则性，即办事公道。

正直、诚实、守信，自古以来就是被普遍公认的美德，也是包括党政干部在内的现代社会成员为人处世的基础。正直规范要求党政干部公正地判断是非，有正义感，坚持原则，坚定自己的正确理想信念，不屈服于外来压力，不

---

① 《春秋繁露·仁义法》。
② 高兆明著：《社会变革中的伦理秩序》，中国矿业大学出版社1994年版，第314页。

第四章 公忠之道：公正的伦理培育与道德评价

为五斗米而摧眉折腰，一身正气，两袖清风，敢于同错误思想和行为作斗争，与所谓的官场游戏规则作斗争。诚实规范要求党政干部忠于客观事实，不隐瞒和歪曲事实真相，不奸诈诡谲，弄虚作假；要求表里如一，言行一致，做到表态与心态一致，理论认可与实践认同一致，身处顺境时与身处逆境时一致。守信规范要求党政干部信守自己的诺言，承担应尽的义务责任，言必信，行必果。从大的方面来说，信守自己的入党誓言、履任时勤政廉政的表态；从小的方面来说，信守人际交往间不违背原则的承诺，说到做到，不自食其言。

  诚实表明了一种言行一致、不虚假的思想品质，具体为说真话，办实事，不掩盖、不歪曲事实真相，其反面是虚伪。诚实产生于人们需要对他们生活着的社会、对他们应当评价的周围的人的行为、对他所处的生活环境有一个正确认识。在正常的社会交往中，诚实是人们相互联系的道义凭借，是为人谋事之本。在中国传统的儒家理论中，诚实被视为"进德修业之本"、"立人之道"、"立政之本"。"诚者，天之道也；诚之者，人之道也。诚者不勉而中，不思而得，从容之道，圣人也。诚之者，择善而固执之者也。"①诚生德业，实为政基，当官者的诚实品格尤为重要。诚实首先意味着要讲真话，不讲假话，要实事求是。对当官者来讲，一是自己讲真话，不要哄骗上级，也不要欺骗群众，要从为人民服务的立场出发，敢于直言；另一方面要允许和鼓励别人讲真话，尤其是对自己的批评建议更应鼓励直言不讳。有的官员只听得进吹捧奉承的话，听不进反面意见，这无疑就是鼓励别人说假话。其次，诚实意味着言行一致，言而有信。当官者如果言而无信，只讲大话、讲空话（也许是真话），但从不兑现，开空头支票，自然就会失去信誉、毁坏形象、动摇政基，此所谓"人之所以为人者，言也。人而不能

---

① 《礼记·中庸》。

言，何以为人？言之所以为言者，信也。言而不信，何以为言？信之所以为信者，道也。信而不道，何以为道？"①最后，诚实意味着办实事。为官者不能只当"口头革命派"，而必须扎扎实实为民造福，以政绩说服人。只有做到了诚实待人处事，才可能正直。只有遵守诚实、守信、正直的道德规范，才能健全党政干部的道德人格，使他们能够及时地调整自己内心的矛盾和冲突，使动机和行为之间经常保持和谐一致。可以说，当前对党政干部进行官德教育，就是要培养他们诚实、廉洁、自律的人生价值取向，促使其建构健全的人格。党政干部如果能具备诚实、守信、正直的道德观念，坚定敬廉崇洁的内心信念，做到"见贤而思齐焉，见不贤而内自省焉"②，就能保持动机和行为之间的和谐一致，达到人格的内在统一。

公道作为正直的品德，具体表现为行为的处事公平，不谋私利，对于不公平敢于直言，遇有恃强凌弱等丑恶现象时，敢于挺身而出，伸张正义，有坚定的原则性。在现实生活中，缺乏原则性的表现，一是有些党政干部缺失了诚实正直的道德信念。他们明哲保身、患得患失，唯上级领导之命令是从，在原则问题上采取事不关己、高高挂起的态度；或者已形成习惯性的伪善，"逢人且说三分话，未可全抛一片心"，平时不苟言笑，轻易不露心迹，将虚伪圆滑视为成熟稳重。这种扼杀诚信和正义感的"成熟"观，有着不可低估的负面影响。二是人格扭曲。由于我们党和国家的性质以及对党政干部为人民服务的道德品质的要求，在道义上容不得腐败分子的存在。党政干部的腐败一旦暴露，必将是身败名裂。在所查处的党政干部中，基本上都缺乏诚实、守信、正直的道德品质。有无原则性是体现一个人是否正直的根本标志，也是衡量官德水平的指标。"为政当以公平正大行之，是非毁誉，

---

① 《春秋·谷梁传·僖公二十二年》。
② 《论语·里仁》。

第四章 公忠之道：公正的伦理培育与道德评价

皆所不恤。必欲曲徇人情，使人人誉悦，则失公正之体，非君子之道也。"①当官者要主持公道，首先，要坚信事业的正确性，不为权势、金钱等诱惑而改弦易辙。邵嗣尧的例子就很好地说明了这一点：

康熙十九年（1680年），邵嗣尧任直隶柏乡（今河北柏乡）知县。他总是严格执法，不避权贵，不畏邪恶。大学士魏裔介是邵嗣尧会试座主，恰恰又是柏乡县人，当其家人犯法时，邵嗣尧不顾师生情面，"严治之，不少贷"。某旗人家丁借主人威风，毒殴负债穷人，解到县衙之后仍气势汹汹，"嗣尧不稍屈，系之狱"，且移文该旗都统，审讯家丁的主人，"具论如法"，深得百姓拥护。②

一个人要正直，首先必须知道什么是正，什么是直。如果以歪为正，以曲为直，就没有是非界限，谈何公道？不但要有是非观念，而且要笃信事业的正确性，不因各种诱惑而放弃自己的立场。其次，要不因邪恶势力的威迫而丧失原则。人也许可以抵制香花的引诱，但难以在狂风暴雨中不低头。一个正直的人，一定是一个不畏强暴的人，一定是一个恪守原则的人。见风使舵、唯唯诺诺、卑躬屈膝的人，不可能正，也不可能直；自私自利、唯利是图者，也不可能正直。"身正不怕影子斜"，只有自身过得硬，才有胆量、有能力去同恶势力作斗争。同时，要对不道德行为直陈其弊，不因私情而放弃原则。在中国，人情主义文化传统很浓，不懂人情、不讲人情往往成为一种道德罪名。由于特殊的以己为中心而依次推出的社会关系结构，人情往往就是私情，而非公情。谁都有亲戚朋友，难免为人情所困，陷入私情与公道的两难。一个正直的人会不徇私情而主持公道，舍小家为大家。总之，公道是存诸于心、施诸于外的品德，也是社会正义的反映，它既源于民又施于

---

① 陈弘谋：《从政遗规·薛文清公要语》，中国商业出版社2010年版。
② 王文升主编：《中国廉政勤政故事》，中国方正出版社2007年版，第135—136页。

民。如果社会有失公道，则当官者应当挺身而出，哪怕丢掉乌纱，也要还老百姓以公道，只有这样，社会正义秩序方可建立起来。

正直，是中国的脊梁，民族的灵魂。弘扬刚正诚实的作风，是继承中华民族传统美德、保持民族气节的需要，更是我党深入开展官德建设和反腐败斗争的需要。各级领导干部要带头弘扬忠贞自励、刚正不阿、廉洁自律的浩然正气，用高度的政治责任感理直气壮讲正气，旗帜鲜明扶正气，以身作则树正气。通过弘扬正直的风格，激发公仆意识，筑起道德自律的长城，保证我国的社会主义现代化建设沿着党的基本路线顺利前进。

四、民意：公正的道德评价标尺

重民思想在古今中外都有着深厚的历史文化底蕴。"政之所行，在顺民心；政之所废，在逆民心"的重民思想，是我国古代政治文化的重要内容。我国自古就有"得民心者得天下，失民心者失天下"，"民可载舟，亦可覆舟"的谚语，"顺民意，得民心"历来为许多政治家、思想家所重视。孟子所说的贵民、爱民、顺民、教民、安民构成了中国古代民本政治文化的核心思想，广察民意以晓民心，广施仁政以安民生，成为历代君主重视民意表达的思想渊源。而在西方社会，普遍流行一种说法："人民的声音即上帝的声音。"法国思想家卢梭强调，民意不能在被逼迫的情况下产生，政府可以借民意间接地影响世道人心。美国民主之父托马斯·杰斐逊也曾说过："民主政府是建立在民意基础之上的。"那么，民意究竟是什么？民意是民众的愿望，民众的需求、评判、心声、舆论和信任。所有理性的统治者几乎都极其重视民意。但在传统政治下，统治者把民意当做工具，他们重视民意是为了

第四章 公忠之道：公正的伦理培育与道德评价

维护自己的统治地位，所谓"水能载舟，亦能覆舟"是也。而在民主政治下，执政者把民意当做价值，把民意作为公正的道德评价标尺，他们重视民意是因为民意是其执政的合法性基础，是其执政资格的源泉。中国共产党把"立党为公，执政为民"当做自己的宗旨，把人民当家作主的人民民主视作社会主义的生命。对于中国共产党来说，人民的利益应当是其根本的价值追求，民意则是其执政的唯一合法性基础。"权为民所用"，党和国家的所有权力都是为了增进人民群众的公共利益，是政府服务人民的工具。权力本身不应当是官员的目标，公民的利益才是权力所要实现的最终价值。据此，民意当然成为公正的伦理评价标尺。

（一）民意的内涵

对"民意"有深入研究的刘建明教授（清华大学新闻与传播学院教授）将"民意"定义为社会上70%以上的人所持的相同或相似意见。这是从量化出发对舆论的一种分类。德国学者伊丽莎白·诺利—诺伊曼提出了"沉默的螺旋"理论，在她的研究范畴中，"Public Opinion"是一个核心的重要概念，可以翻译为"大众观念"、"公众舆论"或"公共意见"等。同时她认为"Public Opinion"也可直译为"民意"。而从她的研究中可以看出，她对"民意"给出的定义是："民意是指如果一个人不想孤立自己而必须当众表示的态度和行为。在矛盾和变化的领域，公众舆论是一个人能够表示而不至于有被孤立的危险的态度。"[①]"大众观念是一种无须惧怕制裁的可以在公开

---

① ［美］斯蒂文·小约翰：《传播理论》，陈德民、叶晓辉译，中国社会科学出版社1999年版，第596页。
② ［美］奥格尔斯等著：《大众传播学：影响研究范式》，关世杰等译，中国社会科学出版社2000年版，第165页、第135页。

场合说出的涉及价值观的言论，它也是其他社会行为的基础。"②不管是上述哪种思路，民意一方面是社会全体大多数人都拥有的相似的意见和观点；另一方面这种意见和观点是被个体估计为社会的主流意见和观点，从而是可以由个体公开表达而不至遭到排斥的。

民意表达（Public Opinion Expression）则是一个与民主、自由、权力等政治哲学范畴密切相关的概念，在政治学上反映的是一种政治行为。民意表达即一定的社会团体或个人通过一定的方式将其对某种社会现象、事件、政策所持有的意见、态度表达出来，以维护自身利益或达到一定目的的社会行为。在现代社会的政治体系中，最主要的民意表达主体是政党、利益集团、民意代表和大众传媒。民意的充分表达是民主政治发展的必然要求，也是政府决策过程中不可或缺的环节，更直接关系到民心向背和社会稳定。"权为民所赋"，党和国家的所有权力源于人民，都是由人民群众给予的。谁是人民？人民将权力授给谁？人民如何将权力授予政府？这些都是民主政治的基本问题，其中的任何一个问题没有解决好，民主就会成为一句空话。而每一个问题的解答，都离不开民意。在民主政治条件下，人民应当就是拥有合法权益的公民。所谓民意，就是公民的意向。"权为民所赋"的基本前提，就是掌握国家权力的党政官员应当是公民的民意代表。国家应当有一套公平公正的程序和制度，确保政府官员真正成为广大公民的民意代表。在现代民主政治条件下，选举制度、代表制度和罢免制度就是最重要的授权制度和限权制度。"权为民所有"，公共权力之所以要由人民赋予，之所以要代表民意，根本原因在于人民是权力的主人。在民主政治条件下，国家的一切权力属于人民，人民才是国家主权的掌握者。"人民当家作主"或"人民主权"、"人民统治"，这是民主的真实含义，也是与"民本"的实质性区别所在。

（二）民意的价值

民意是使行政具有合法正当性的基础和支柱。从宏观层面分析，行政源于政府，作为行政主体的政府在一定程度上代表着国家的政治主导体系，因此行政合法正当性首先是一个宏观视角的国家政治合法性问题的典型缩影，或者说宏观视角的行政合法正当性与国家政治合法性问题紧密关联，是一个问题的大小两个层次而已。民意是政治合法性的一个重要来源。美国的亚瑟·本特利从功利的视角将政治合法性看做是社会各方利益相互妥协的结果。哈贝马斯强调："合法性意味着，一种政治秩序总是要求人们把它作为正确的和正义的事物加以承认，意味着有充分的理由被承认，一种合法的秩序理应得到承认。合法性意味着一种值得认可的政治秩序。"各种政治合法性理论的建构几乎都离不开与政府和行政秩序相配合、相协调、相一致的民众意愿，即与之相调适的"民意"；换言之，现代政治文明视野下的政治合法性，从根本上讲都落到了与政治法律制度相对应的外在民意的认同和支持问题上，离开了民意的认同支持，现代政治合法性和行政合法性将不复存在。从微观层面分析，在宪法和行政法制度框架内来说，行政合法正当性还是一种法学层面的合法性问题。具体而言，这种合法性涉及尽快确立宪政立法视角的现代政府行政基本取向问题、现代行政价值理念问题、现代行政基本原则问题，以及完善行政权规制、社会公众知情参与程序保障机制、行政领导人宪政问责机制、司法控制外源机制等相关制度支持机制问题，等等与积极顺应民意和保护公众权利紧密关联的一系列问题。可以说，现代行政转型的一个重要动因就在于民意的外在驱动。总体而言，民意处于现代宪政民主的核心地位。

尊重民意，不但是政府树立权威、赢得信任的基础，更是"以人为本"执政理念的真谛。通过民意调查可以确切地知道人民大众的所需所想，可以更普遍地为大众解决问题，更使政府架起与老百姓沟通的桥梁，大大减少施政成本，提高执政的公正与效率。只有充分尊重民意，通过一切可能、合法的途径让公众将态度和意见表达出来，逐渐和民众站在平等的地位上，科学评估，良性互动，政府执政能力才能得到不断锻炼提高。在中国传统的民本政治条件下，最高权力属于帝王或其他统治者；人民是臣民，而不是主人。在中国现行的民主政治条件下，最高权力本来就属于人民；人民是公民，是国家的主人。在民本政治下，民意只是工具；统治者重视民意是为了维护自己的权益。只有在民主政治下，民意才成为价值，执政者重视民意，是为了维护公民的权益。只有民主政治，才能为自由、平等、人权等公民政治权利提供基本的制度环境。

（三）民意的表达机制

在我国，民意表达机制是在人民民主专政和社会主义民主政治的政治体系下来构建和运行的。通常情况下，表达民意的途径有选举、投票、结社、集会、请愿、示威等。民意表达机制属于政治机制的大范畴，作为政治机制的一种，其概念可以概括为：在一定政治系统内，民意表达的主体之间、主体同表达途径之间的相互联系和相互作用以及由此产生的表达过程。从目前我国民意表达机制的制度构成来看，主要包括人民代表大会制度、政治协商会议制度以及公民信访制度等等。具体来说，当前我国民意表达的方式体现在以下几个方面：

加入政党组织。在我国，中国共产党是执政党，各民主党派是参政党，实行中国共产党领导的多党合作制度，共产党和各民主党派共同管理国家和社会事务。在这种政党制度的背景下，公民加入某个政党，从属于政党参与国家和社会事务管理是表达民意的重要途径。中国共产党通过合法的程序使最广大人民群众或党员的意愿得以充分表达和实现，各民主党派作为参政党亦可以通过政治协商的形式，发挥参政议政和民主监督的政治功能，表达部分民众或其党派成员的意愿。

选举投票。我国实行"议行合一"的人民代表大会制度，选举除了产生立法、行政、司法等国家机构外，还包括直接或间接参与政府决策的内容。这是公民通过选举、投票的途径表达意愿的最主要制度化平台。选举行为本质上就是表达民众意愿的行为。投票作为公民表达意愿的途径，其通常和选举联系在一起，以投票的方式和得票多少来衡量选举结果。

加入社会团体。各行业协会、职业协会和人民团体的数量和作用日益得到民众的认可和重视，特别是工会、共青团、妇联、工商联等一些具有政党属性的人民团体。由于这些团体与执政党和政府的联系更密切，影响更广泛，充当了民众和执政党、政府的桥梁、纽带，因而其表达民意的效果往往也更好，吸引了更多的公民通过加入这些团体来表达自己的意愿。因此，加入各种性质的社会团体也成为当代中国公民表达民意的重要途径。

制造社会舆论。通过大众传媒反映出来的人民的呼声，容易形成舆论，可以更好地实现下情上达，反映人民的意见、要求，并对公共权力进行监督。此外，互联网还增加了有别于传统媒介交往渠道的民意表达通道。互联网以其优于传统媒体的及时性、交互性、个人化、小众化、信息的海量性、异时性等特点，成为信息社会中社会公众民意表达的便捷通道。

行政听证会。行政听证会是行政机关在行使行政权作出影响行政相对方当事人的权利和义务的决定前，就有关事实问题和法律问题听取利害关系人意见的程序性法律制度。行政听证是行政民主化的一个重要标志，法制比较健全的国家普遍履行听证程序。美国于1946年通过了《行政程序法案》，旨在保障公众参与行政活动的权利。法案规定，政府机构在制定法规或政策前必须通知公众，并确定了公众参与的具体形式。之后又有一些法规补充规定，凡是涉及工资、价格、市场、贸易与关税等方面的决策，必须举行听证会。日本的行政听证会是指行政机关在制定、修改或废除命令，或作出影响多数人利益的决定时，法律要求行政机关广泛听取一般意见的程序。我国1996年颁布的《行政处罚法》正式引入了行政听证程序。2000年通过的《立法法》又规定，在行政法的起草过程中为广泛听取意见可以采取听证会的形式。行政听证是行政机关作出决定之前的一种行为，是一种程序，参加听证的利害关系人涉及各个层次，通过表明态度并阐明理由，表达自己对听证的决定是否支持，从而充分发表自己的看法、见解。

公民信访。公民信访是我国民意表达机制的重要制度渠道之一。信访是民主政治的载体。信访活动是以民为本、重视民意、国之所系，是民主政治的根本要求。我国2005年出台了专门的《信访条例》。信访活动作为一种社会交往活动，是信访者为实现某种目的和需要的社会政治活动，从其定义中"反映情况、提出建议、意见"的内容来看，明显包含了表达民意的作用。在我国的政治制度体系中，信访也是作为公民合法的民意表达渠道之一进行安排的，是人民代表大会制度外人民群众行使民主权利的具有中国特色的制度设计之一。广大民众将其关注的利益诉求通过信访渠道，直接向政府机构、官员表达意愿，相对便捷地达到了政治参与的目的，也体现了政府与公民之间、执行者与政策对象之间的交流和互动。同时，信访也是政府高层了解基层社会、联系人民群众的十分重要的制度渠道。既满足了政府"了解民意"、"科学决策"、"从群众中来，到群众中去"、"为人民服务"的初衷，又满足了公民"下情上达"、"参政议政"、"社会监督"、"利益维护"的要求。从历史和现实来看，信访制度是更为广大群众所接受的一种民意表达的渠道，在民意表达过程中扮演着十分重要的角色，甚至可以说是整个民意表达机制中利用率最高的一个环节。信访行为作为表达民意的一种具体方式，承担着十分重要的民意表达功能。

（四）公忠的民意评价

1. 宏观评价。政府及其官员是否建立了民意意识和观念，是判断公忠与否的根本和关键所在。民意表达是民主政治建设的核心要素，是现代政治文明的基本标志。民意的充分有序表达是现代民主政治有效运转的前提。政府公共政策的出台或调整，也要建立在及时了解民意、充分把握民意、高度顺应民意的基础之上，建立科学完善的民意表达机制对于一个民主政府来说是十分重要的。充分理性的民意表达对于执政党整合群众意愿、谋取社会最大共识、实现科学民主决策、维护社会和谐稳定有着极为重要的影响。如果大多数公民的合法权益得不到有效的保护，人民就有权收回委托给执政者的权力。社会公众已经清醒地认识到，作为国家的主人，他们应该有能力影响那些关乎自身的公共政策的制定，他们的各种意见、需求和愿望，应该在政府有关政策的制定中有所回应和体现，这也是落实"以人为本"执政观的本质要求之所在。政府的政策必须建立在民意的基础上，必须反映民众的心声，满足公民的需求。

2. 微观评价。政府及其官员是否建立起行之有效的民意渠道，是能否实现公忠的制度保障。要使政府的政策体现民意，要用好人民群众给予的权力，就需要一整套决策民主化和科学化的制度。例如，公平合理的利益表达机制和协调机制、立法和政策的听证制度、政府与公民的协商对话制度、权力的监督和分工制度，以及科学的政府绩效评估制度。没有这些民主的决策制度，公共政策就难以真正体现民意，"权为民所用"就会流于形式。"政之所兴，在顺民心；政之所废，在逆民心。"构建社会主义和谐社会必须以人民利益为中心来确定，社会公共服务体制的健全必须围绕人的全面而自由的发展来进行，政府官员的道德建设也必须以顺应民意作为公正的评判标准。各级政府只有坚持"一切为了人民，一切依靠人民"的方针，切实推进政府决策民主化、法制化与科学化的进程，才能通过各项公共政策的有效制定和执行，来实现和维护好人民群众的根本利益。

3. 制度创新。随着网络时代的全面到来，创建信息化民意平台，既是民众的强烈诉求，更是行政顺乎民意的时代要求。通过更加开放的网络平台，吸收更多的社会民意，行政和官员的公忠行为才有可能更加自觉，更加快捷。同时，为响应民众对行政的监督和评价诉求，建立更加便捷、有效的第三方民意调查机构，显得尤为迫切。

第五章 公忠之路：公忠建设的伦理整合路径

如前所述，社会转型期的中国，不可避免地出现了行政忠诚度滑坡的问题。对此，我们一方面要充分认识到问题的严重性，另一方面要积极采取切实有效的措施加以治理。只要充分重视公忠道德建设，树立理性的公忠观，规范公忠的内容，完善公忠的制度保障，就完全可以实现公忠治理的预期目标。

一、重塑观念：培育理性的公忠观

观念滞后，行为大多失当。在现代社会，"忠诚"是一个很有争议的概念，从表面上看，它似乎与现代社会人们对自由的崇尚、对个性的张扬格格不入，又似乎与政治文明、政治理性相矛盾。但我们应该理性地看到，传统意义的"忠诚"与现代社会确实存在不协调的因素，主要表现为一种守旧的、盲从的"愚忠"思想的存在，现代社会需要的是忠诚的现代支撑。由此可见，公忠道德的当代使命在于努力开发出其现代价值，继承精华，摒弃糟粕，建立与时俱进的以公正为核心的理性忠诚观。

（一）忠诚方式的转换：由盲从到智从

"愚忠"的典型表现是盲从。盲从就是不问是非、不辨真伪、不分善恶地消极顺应和盲目随从。[1]具体到行政活动，就是对权威的迷信、崇拜、绝对地服从。绝对服从大致有两类：一是纯粹外在的表象；二是一种习惯了的、已经内化了的服从意识。所谓外在的服从，它只是行为者应对权力价值分配能力的权宜之计，往往是因为畏惧惩罚或希求报偿；而对于将服从权威的理念根植于心的行政人而言，他们已无视权威的具体命令与指示的局限性、不合理性。他们不仅拒绝考虑他人对于权威的怀疑与批判的真理性，而且藐视

---

[1] 李建华等：《德性与德心——道德的社会培育及其心理研究》，教育科学出版社2000年版，第148页。

自我，认为自我无论如何也不及权威那样贤明。因此，这种人不仅在行为上绝对服从权威，而且自己也扮演权威角色，以同样的严厉和冷酷对待可能尚存的自我意识，最终使自己完全奴化。①

理性的公忠观是一种智从。智从是理性地服从，与盲从相反。智从者是具有伦理自主性的个人，与权威主义对自主性和创造性的压抑和否定相反，主体性良知的基础是独立向善的自我的存在。这一道德的自我，时刻守护着我们的行为意识的全程，审视着我们的行为动机和结果。它或是潜伏，或是彰显；或是对行为的鼓励和褒奖，或是对行为动机与结果的谴责和批判。主体性的自我是我们对于真实自我的充满了爱和关心的心声。当行政人卓越地履行其职责和义务时，所能体验到的，是发自内心的高兴和自豪，是良心对此作出的肯定性评价所导致的心理感受。反之，当他违背良知行事时，自我良心的谴责则会让他焦虑不安，感到内心某种平衡受到了破坏，"另种自我"所持守的原则受到了扭曲。

（二）忠诚内容的转换：由无限到有限

在现代权力层级制中，管理者的个人意志在很大程度上成为被管理者升迁晋职、获得酬劳的重要影响因素。被管理者忠诚于管理者所制定的规章制度、所下达的工作指令，是其获得资源的重要途径。在我国这种高度集权的组织结构中，被管理者往往要通过非工作上的忠诚才能获得管理者的进一步认可。例如非工作场合的人际尊卑、非工作内容的例外劳动、非工作范围的价值屈从等。在这样一个处处压抑自己、无限忠诚于领导的过程中，被管理

---

① 李春成：《论作为美德的依法行政与合理服从》，《国家行政学院学报》2003年第2期，第67页。

者的人格受到扭曲，组织的发展更多地受管理者个人意志的影响，使组织与组织中个体的发展都受到了阻碍。因此，在公共管理实践中，忠诚的内容和范围要有限度，应该以国家法律、管理规律、组织效率、劳动职责、自我良知等为依据。

《中华人民共和国宪法》规定："中华人民共和国是工人阶级领导的、以工农联盟为基础的人民民主专政的社会主义国家。""中华人民共和国的一切权力属于人民。"这就决定了中华人民共和国政府的行政忠诚，既不是传统社会"家国同构"的血缘性忠诚，也不是等级制度下人身臣服关系的依附性忠诚，亦不是经济活动中平等交换的契约性忠诚，而是一种依法对国家事务、社会公共事务和机关内部事务进行的一系列直接、具体的组织和管理活动的服务性忠诚。忠诚于行政规律、行政职责、行政效率、法律和良知，是以为人民服务为宗旨的行政忠诚的基本价值向度。

行政忠诚作为一种行政价值和行政理念，在以公正、廉洁、奉公、勤政为主要内容的行政道德系统中居于基础性的地位。偏离忠诚，公正就会走样；廉洁、奉公也只能停留于口头条文；勤政则会变成弄虚作假，谎报政绩。作为一种行政道德、行政关系、行政力量和行政能力的行政忠诚，是一个蕴涵丰富的行政活动主体的精神气质和人格形象。行政忠诚是"行政忠诚（于）……"的一种话语范畴。"行政忠诚于人民"虽为中国政府行政主体忠诚于谁的问题提出了一个根本的价值取向和行为准则，但要使这种价值取向、行为准则变为行政主体的自觉意识和自律行为习惯，还必须对"行政忠诚于人民的……"中的"……"作出合理的具体的赋值，即忠诚于什么和怎么忠诚？依据行政主体的"公仆"角色、"权力之源"以及运权价值指向，我们可以把"行政忠诚于人民的……"中的"……"具体化为一系列行政忠诚要求：忠诚于行政规律、忠诚于国家法律、忠诚于行政效率、忠诚于行政职责、忠诚于行政良知,等等。这些忠诚要求也是入世后我国政府"依法行政、服务第一、行政效率和求真务实"四大行政原则对行政主体人格化取向的集中体现。①

1. 忠诚于行政规律。规律,即事物之间内在的必然联系。这种联系不断重复出现,在一定条件下经常起作用,并且决定着事物必然向着某种趋向发展。规律是客观存在的,是不以人们的意志为转移的,但人们能够通过实践认识它,利用它,也叫法则。那么,行政规律就是行政活动中的必然联系,它不被行政个体的意志所左右,而是有自己必然发展的方向。行政人员必须认识它、运用它,从思想上和行动上忠诚它,这样才符合行政事业对行政人员的本质要求。区别于传统的现代行政忠诚不只是一个道德规范,而且是一个建立在理性精神基础上的严肃的哲学命题,它蕴涵着雄健的思辨色彩和深刻的理性光辉。用辩证法来关照行政忠诚,其实质就是实事求是、解放思想、与时俱进的思想路线、思维方式和行为模式,坚持行政规律的客观必然性和行政主体的价值选择性的辩证统一,依法组织和管理一系列国家权力的运作活动,既宏观,又微观;既原则,又灵活。不遵循行政规律,对行政就缺少"制控权",容易按习惯和个人意志办事;容易为"情"所动,为"利"所驱,为"关系"所捆。行政规律是行政活动过程本质和必然趋势的"自在之性",是行政工作必须遵循的客观法则。只有首先忠诚于行政规律,才能有效履行行政职责,提高行政效率。

2. 忠诚于国家法律。卢梭在《社会契约论》中写道:"我们无须再问应该由谁来制定法律,因为法律乃是公意的行为;我们既无须问君主是否超越法律之上,因为君主也是国家的成员;也无须问法律是否会公正,因为没有

---

① 李兰芬:《行政忠诚与集团腐败》,《高校理论战线》2003年第1期,第40页。

人会对自己本人不公正；更无须问何以人们既是自由的而又要服从法律，因为法律只不过是我们自己意志的记录。"①尊重法律意味着尊重公众的意志，而不是长官的个人意志，这便是行政忠诚的最高准则。公共权力来自普通的公民权利，是公共利益的普遍体现。负责任的公共行政人员的重要职责是维护真正意义上的公共利益。在价值多元化的行政环境中，现代民主社会对个人权利与义务已经达成普遍的共识，当个体行政人员试图履行某一职责时，应该考虑"基于人权，基于法律规则的基本原则"②。忠诚于国家法律有两个层面的向度：法制行政和法治行政。法制行政强调关于行政的既定法规制度和其他关于行政的规定性，偏重于静态的行政法律制度；法治行政则注重从法律精神或规定开展行政管理活动及其适度的灵活性，偏重于动态的行政依法治理的过程。法制行政强调的是行政主体外在的约束和监督，而法治行政则偏重的是行政人员的自律，是一种积极主动的行政。③同时，我们也应看到，法律永远不可能对一切关于国家和社会事务的管理作出规定，法律也总是落后于现实生活的发展变化，因而法律的规定总是原则的、有限的，法律的适用也经常是模糊的、有争议的。外部的法律与规则是一种对"恶"的行为将要采取的一种"恶"的惩治，是关于行政人员最低限度的责任的规定。对行政人员而言，最重要的是要建立内心的法，这种法具有积极主动的特质，它是对强制性的法律的超越，是指导行政人员行为的"道德金律"。

3. 忠诚于行政效率。美国的管理学家埃默森在其《效率——生产和工资的基础》一书中指出，正是人类的低效率导致了贫困，多数人在完成工作任务的过程中仅达到60%的效率，而人类的效率潜能仅利用了1%。书中提出了

---

① [法]卢梭：《社会契约论》，何兆武译，商务印书馆1997年版，第51页。
② Djvind Larson. Administration, Ethics and democracy, Aldershort: Ashgate, 2000, P119.
③ 张国庆：《行政管理学概论》，北京大学出版社2000年版，第440页。

提高效率的基本原则：只有"适当的人在适当的时间和适当的地点以适当的方式去做适当的事情"时，才会产生效率。所以，效率的最大化实现是每个组织追求的最大目标。同样，行政组织也需要效率。行政效率指的是国家行政机关及其行政人员从事行政管理的产出同所消耗的人力、物力、财力等要素之间的比率关系，是行政管理活动效果的重要衡量标准。行政人员在履行职责过程中所体现的时效、办事速度等，是行政效率高低的关键所在，其实现的决定因素包括工作热情、办事能力、人际关系能力等。通过行政效率可以检验行政人员的素质是否优良，行政体制是否科学，行政程序是否合理。行政效率的高低直接影响到政府和公务员在公众中的形象，而良好的政府形象无疑会提高政府公共部门的权威，减少行政管理活动的阻力，降低公共政策的执行成本，能更好地推动经济发展和社会进步。威尔逊曾说过："与君主制一样，在共和制的条件下，信任官员的唯一根据是效率。"在这种观点指导下的行政行为却在实践中走向了愿望的反面。行政人员在选择行为时，只关注当下行为产生的结果，而不是增进自身道德的选择能力；政府在设计自身职责与目标时，也只围绕政府管理的当前绩效，而忽略长远利益。片面地强调效率取向，会导致社会价值的丧失。所以，行政人员在忠诚行政效率的同时，必须重视公正与平等的价值目标。

  4. 忠诚于行政职责。职责是一个复合词，有职务和责任两重含义。行政职责由行政职能和行政责任两方面构成。行政职能是指行政的基本任务及其行为方向。社会管理和社会服务构成了社会主义市场经济条件下各级行政职能的重心。行政责任是指由行政职能所赋予的行政主体行为所应承担的责任和义务。行政职能是一种制度性的安排，行政职能的履行以制度正义为前提；行政责任则是行政主体对其行政行为的动机和结果的自我承担。在官僚制组织中，行政人员与具体的岗位是联系在一起的，岗位的任务也就是他的任务，岗位的功能也就是他的功能，他个人不需要有什么信念，不需要有独立的价值判断。他只要把岗位的任务、岗位的功能转化为他个人的责任就行了。他只需对岗位所赋予的责任负责，岗位以外的责任他不必理会，也不能理会。因为他只是官僚体系中的一颗棋子而已，其岗位的责任也只是一种最低限度的责任。当代的行政人员应超越这种官僚制的最低限度的职责，以维护公共利益为行政行为的动机，树立"为人民服务"的价值目标，竭尽全力去实现公共利益的最大化。一个政府人员，如果没有建立起维护公共利益的信念，他也就不会承担起维护公共利益的责任，无论制度的设计多么完善，他在维护公共利益方面也不会表现出热情，甚至有可能在产生了个人利益要求的时候，破坏公共利益。

5. 忠诚于行政良知。我国古代唯心主义哲学家认为良知是人类不学而知的、不学而能的、先天具有的判断是非善恶的本能。王守仁认为："尔那一点良知，是尔自家底准则，尔意念着处，他是便知是，非便知非，更瞒他一些不得。尔只要不欺他，实实落落依着他做去，善便存，恶便去，他这里何等稳当快乐。"接着他又进一步解释道："知是心之本体。心自然会知。见父自然知孝，见兄自然知悌，见孺子入井自然知恻隐。"①由此可见，行政良知是行政人员的本体，它不是由外界所强加的，而是行政活动内生的、最本质的内容。既然是一个事物内生的、本质的原则，那么有理由相信，凡是违反了这一原则，必然会导致事物的变质或异化。良知为人格之本体，"我"之主宰、"魂"之守护神，一切意识和德性皆出于此。行政忠诚也是一种内生于心、自律的行为。因为行政权力来源于人民的授权，所以，忠诚于人民，忠诚于民族，忠诚于国家，责无旁贷。然而，现实却并非如此，侵犯人

---

① 李锦全等：《中国哲学史》（下册），人民出版社1983年版，第127页。

民、民族、国家利益的现象屡见不鲜。公共权力变成了私有权力，为公服务变成了为己谋利，道德良知被泯灭了，行政内生的公正、平等已荡然无存。公共行政呼唤公正、平等，行政人员必须忠诚于道德良知。行政人员的良知在任何时候都是社会健全的支撑点，行政人员如何处理对己、对人、对社会、对外部环境的关系，不仅直接关系到能否为整个社会提供公正，而且会影响到整个社会成员对公平正义的追求。行政人员在社会中处于特殊地位，决定了行政道德势必对整个社会的道德状况有着辐射性影响，这正如孔子所言："子帅以正，孰敢不正？"[1]

（三）忠诚价值的转换：由单向到互惠

任何一个组织，其存在的意义都在于能创造价值，而任何一个个体，之所以要加入一个组织也是为了实现个体的价值。组织为了实现其存在意义，期待个体的绝对忠诚，而个体为了实现自我的价值，也期待组织忠诚自己的承诺，能予以相应的回报。现代化组织要使儒家忠诚文化的精髓再为今人所用，必须恢复儒家所倡导的双向忠诚。

双向忠诚用现代语言来表述，就是要有互惠平等的意识。互惠的首要前提是管理者对被管理者人格的尊重。行政人员也是具体实在的人，而不是非人格化的。他们也需要受尊重、受保护。其次，要构建合理的利益体系保护个体的利益。组织要追求利润、讲究效率，这是组织的本质目标之一。但是，组织不能因此以内部人员的利益牺牲为前提，否则，组织将会失去其存在的合理合法性。[2]

---

[1] 张康之：《寻找公共行政的伦理视角》，中国人民大学出版社2002年版，第282页。
[2] 韦长伟：《社会转型期的行政忠诚研究：问题与对策》，《四川行政学院学报》2011年第2期，第95页。

二、重构规则：公忠规范的效力与层次

（一）公忠规范的范围与冲突

以往的行政道德责任规范的制定，往往缺乏有效的分层与设计，公忠规范也不例外，没有考虑到道德责任规范的先进性和大众性、崇高性和一般性的辩证关系和特点。行政人员至少有两种类型，"一是政务类行政人员，即领导职务类行政人员；二是业务类行政人员，即按照国家公务员法进行管理的一般国家工作人员。"①对不同类型的行政人员，其忠诚义务的要求是有所区别的，对政务类行政人员的忠诚期望要明显高于业务类行政人员。因此，不能一概地用政务类行政人员的忠诚责任去要求并规范所有业务类行政人员。"一些过高的、不切实际的要求，会使政府官员产生高不可攀、望而却步的心理。也就是说，我们缺少一些具体的、可操作的、可评价的中介性责任规范。"②比如，我们要求政府及其行政人员都要忠诚于为人民服务的宗旨，这里的人民和服务都是抽象的，我们没有办法按照这个标准去衡量政府及其行政人员是否真正做到了为人民服务。从法律的角度来理解，对于政府及其行政人员来说，人民是指与其形成行政法律关系的一切行政相对人，通俗地讲就是指与政府及其行政人员的行政行为发生关联的每一个公民。因此，必须将忠诚规范具体化、现实化。

卢梭认为，人民将行政权力委托给政府，行政官员是人民的官员。人民可以任意任命和撤换他们。对官吏来说绝不是订约的问题，而是服从问题。他们只是在履行自己的公民义务，而没有任何争论条件的权利。从德国的经

---
① 詹士友：《公义与正气》，人民出版社2006年版，第236页。
② 万俊人：《现代公共管理伦理导论》，人民出版社2005年版，第287页。

验看，行政人员应该是国家的行政人员，而不是一党一派、某一领导的行政人员。行政人员首先应该忠诚于国家，忠诚于国家的法律制度、国家的安全、国家的荣誉和利益，任何一个民主党派的行政人员都是如此。其次，行政人员是代表国家从事公务的人员，应该忠于职守，勤勉尽责，依法办事，清正廉洁，公道正派。行政人员的忠诚义务是在时空范围内展开的，执行公务时，理所当然要勤勉尽责，承担应尽的义务，提高行政效率。再次，在行政公务之外，要严格遵守职业道德，注意自己的形象、言论、行为，不得出现有悖于职业道德的言行举止，否则可以认定为背叛忠诚义务，即使离职以后，也必须遵守择业限制义务。在公务场合，应该以行政人员的要求规范自己。在非公务场合，也应该遵守行政人员的品位原则。

忠诚作为一种基本的行政伦理规范，并非只是组织目标的要求，也不只有利于上级和组织，同时也应当是行政人员的基本品德，是其实现自我价值的重要素质和条件。当人们选择了成为一个行政人员，并力求通过行政的途径来实现自我价值时，他（她）就必须去适应行政组织系统和运行机制的特定要求。从以上分析可知，对组织和上级的忠诚，是行政组织系统内在的要求，是组织有效运行的必要条件。因此，当人们选择了行政职业，担任了行政人员的角色，也就应该选择对组织、对上级服从和忠诚的行为方式。只有这样，你才能得到组织的认可、上级的重视，你才可能在行政事业中做出成绩、做出贡献，实现自我价值。忠诚作为一种个人品德，也是个人人力资本的重要构成要素。在现代社会中，人们都处于不同的组织和社会关系之中，对组织和职业的忠诚，使人们更容易得到社会和组织的认可、肯定，从而有效地去实现自己的价值。忠诚是个人的一种无形资产，可以使人力资本大大增值，也是社会组织最愿意购买的人力资本产品。所以，忠诚作为一种德性，并非是消极被动的表现，而是可以成为一种实现人生价值的积极方式。

忠诚矛盾及其冲突同样不可回避。当人们执著于对上级的服从和忠诚时，个人的道德自主性和意志自由是否被剥夺？当人们忠诚的上级发出的指令是错误的，甚至是带有恶意的时候，是信守忠诚、顺从上级意志，还是坚持自己的道德良知和社会正义而拒绝上级意志，甚至与上级抗争？当多个层次的上级指令或者意愿不一致时，行政主体应该去忠于谁？这些矛盾和冲突常常使人们的忠诚行为陷入困境。因此，如何正确认识和处理忠诚过程中的矛盾和冲突，是正确履行忠诚义务需要解决的关键问题。

在行政忠诚的冲突中，应认真处理忠诚主体和对象的关系。行政忠诚可能会在一定程度上限制、压抑人们的道德自主性，降低人们的道德理性水平，使人们丧失某种道德判断力，甚至可能陷入盲目与迷信的误区。有学者指出，希特勒的第三帝国给世界带来的灾难，就是建立在一个严格的服从型官僚体制基础上的。正是行政官员的服从与忠诚，使希特勒病态的狂妄野心得以推行，罪恶的指令变成了血腥的现实。纳粹统治期间在奥斯威辛的大量罪恶行径，都不是当时社会上的病态狂或罪犯所为，而是那些正常的行政官员所为，他们相信自己的所作所为是维护官僚体制应尽的职责和义务。第三帝国政府的行政官员，正是以服从和忠诚的名义，实施了大量非人道的、罪恶的行为。例如，在一个强调服从与忠诚的官僚体制中，忠诚者把上级的选择作为自己的选择，上级的意志作为自己的意志，这样，忠诚主体由于不需要独立地去进行道德判断和选择，久而久之也就丧失了对善恶的辨析力，至少对上级的指令和决策的是非对错，没有了分辨力，也不愿意进行辨析。这样，当上级的决策失误甚至出现一些恶意的决定时，他们就会成为错误的推行者，成为罪恶的帮凶。

在行政忠诚的冲突实践中，还应强调忠诚的主体性要求。例如，在一个官僚等级体制中，行政人员在服从和忠诚的名义下不仅道德判断力会大大降低，而且其道德责任心也会大大减弱。他们会因为其行为选择是对上级权威的服从而不再认为自己要对行为负责。他们会把行为的成功归功于上级权威，也会把行为的失误或罪恶归咎于上级命令而不是自己的选择。当年日本的一些战犯在国际法庭上，就是以他们的行为是执行天皇的命令来推卸自己的责任，为其战争罪行辩护。在现实行政活动中，一些行政人员发生不负责任行为时，我们也经常听到其是执行和服从上级精神的辩解。

（二）公忠规范的三个层级

化解行政忠诚的道德冲突和困境的出路在于，对行政人员的忠诚进行分层和定位，区分忠诚的不同层次和内涵。同时，确定行政忠诚的最高原则和根本尺度，使行政人员明确，面对多种道德选择情景和多方面的忠诚要求，他们应该以何种道德原则作为自己行为选择的最高准则，行政忠诚归根到底应该忠诚于谁。

人常说，小孝治家，中孝治国，大孝治天下。同样，行政体系的多层次主从结构，也决定了行政忠诚的多个层级。与孝分为小孝、中孝、大孝一样，忠也可以分为小忠、中忠、大忠，即组织忠诚、职业忠诚和政治忠诚。第一层次的组织忠诚，是行政人员对所在组织和上级领导的忠诚，这一层次的忠诚主要是工作上的忠诚，服从于组织和上级的指挥，尽心尽力地协助组织和上级实现工作目标，有效地去完成具体工作任务，这是公务员的基本品德要求。第二层次的职业忠诚是忠诚于行政事业或政府，即对自己所从事的职业的忠诚，核心是形成一种职业良心，这是公务员的职业道德要求。第三层次的政治忠诚是对法律和人民的忠诚，这是一种政治信念，是最高层次的忠诚，是现代行政忠诚的最高原则和根本尺度，其他层次的忠诚都必须服从于这一忠诚。一般说来,第一层次的忠诚是行政人员最直接和经常性的行为尺度。在大量的日常工作中,他(她)所履行的是对组织和上级领导的忠诚,这时,对政府的忠诚、对人民的忠诚是寓于这一忠诚行为中的。但是,当对上级的忠诚和对政府、对人民的忠诚发生矛盾和冲突时,第一层次的忠诚就应该服从第二和第三层次的忠诚,以自己的职业技能和良心来处理好上级的错误或不正当的命令和决策,坚持忠诚于法律和人民的最高信念。

应该说,要求行政人员做到既履行对上级的忠诚,又能够在发生忠诚冲突时,让低层次的忠诚服从于高层次的忠诚,忠诚于职业良知和人民,并不是一件容易的事情。这里涉及两个问题,或者说必须解决两个方面的问题:一是行政人员忠诚选择的空间或自由度的问题;二是行政人员忠诚选择的意愿和能力问题。就行政人员的忠诚选择空间而言应该说是有限的。科层等级的体制和严密的组织控制,以及行政效率的要求,都使得行政人员难以在体制内有很大的选择自由。特别是忠诚本身就意味着对选择的排斥,忠诚于某一对象,就是要执著于此而不离不弃。然而,如果没有选择的空间和自由度,行政人员就不可能在发生矛盾和冲突时,作出正确的忠诚抉择,去优化和升华自己的忠诚行为。因此,如何解决行政人员忠诚选择的空间和自由度问题,是行政忠诚伦理实践中首先要解决的基本问题。

我们认为,这个问题可以从体制内和体制外两个方面来解决。一是在行政体制内,在强调统一意志的同时,应该赋予每一个行政主体一定的自主权,建立一种上下双向的互动和约束机制,使下级可以拥有与上级对话和一定条件下约束上级的权力。同时,使上级对下级的控制权制度化、程序化,而不是由上级领导人任意支配,从而使下级的正当权益得到制度保障,而不受个别领导人侵害。这样,当上级命令或意志背离了正当原则时,行政人员才有条件选择不服从。二是为行政人员提供正常无害退出的制度保障。这就是说，当体制内的约束使行政人员感到出于自己的良知无法服从上级命令，又无法在体制内作出忠诚选择时，他就只有选择离开行政组织或离开管制他的上级。在这个过程中，他将面临因自己的忠诚选择而带来的诸多风险，社会应该有一种有效的制度机制加以保障：一是使其在选择离开时，应得权益不受原有组织领导的侵害；二是要为其重新选择其他职业或重新选择在其他行政组织工作提供条件；三是应该为其以正当方式与不正当或错误的上级行为进行的抗争提供制度上的保护。这样，行政人员在面对忠诚的矛盾冲突时，就有了一定的选择空间和自由度，可以凭借自己的良知而不是外在的压力来进行选择。

当然，行政人员要实现自己正确的忠诚选择，还依赖于自身忠诚选择的意愿和能力。行政人员忠诚选择的意愿，即当上级领导的命令或决策背离了公共利益或正义原则时，主动地选择不服从或选择更高的价值主体来忠诚的愿望，主要受观念的约束和利益的约束。观念的约束就是对"忠诚"的理解。如果行政主体抱着一种对上级盲目忠诚的意识，或者忌讳别人对自己不能始终忠诚于上级的舆论，他就很难去选择与上级不一致或对抗的行为，而不管上级的命令、决策是否正确和正当。利益的约束就是行政主体对自己背离上级不正当意志可能带来的职务升迁、薪酬增减和其他利益上的损失的顾虑。应该说，这种利益上的损失是很现实的，因不忠诚或违抗上级意志的行为而遭受这种损失的风险是很大的。因此，要解决行政人员忠诚选择的意愿问题，应该从两个方面创造条件：一方面，要培养行政人员树立正确的忠诚观和忠诚意识，区分忠诚的层次，确立以忠于公共利益或人民利益为最高原则的忠诚观；另一方面，要在制度上保障那些因坚持职业良心和维护公共利益而不服从或对抗行政领导的行政人员不受到打击报复，使他们因此而可能遭遇的风险降低到最低限度。

行政人员的忠诚选择还受他们选择能力的约束。长期的行政生活，使人们习惯于服从，习惯于按上级意志办事而不是独立思考，久而久之，行政人员就会丧失了清醒的价值判断和应有的选择能力，他们常常会认为上级的决策就是正确的，就是好的，应该服从。要克服这种工作环境可能造成的盲目性和判断力的下降，一方面行政人员自身要加强学习，更多地去接触和了解外部的信息，掌握科学的世界观和方法论，培养一种乐于思考、善于思考的习惯和能力。另一方面要强化行政决策的民主性，建立有效的机制，提高广大行政人员对行政工作决策的参与意识，鼓励大家对工作目标、任务、措施、方法等进行讨论。这样，不仅会不断提高行政人员对行政行为活动的认识和判断力，也可以培养他们不盲从、不迷信上级的意识，从而使他们在面对行政忠诚冲突时，能够自主地去作出理性的、正确的选择。①

公忠的三个层次的客观存在，决定了公忠标准与规范的制定，应当实行分类指导方式。一般而言，公务员的组织忠诚，可以通过完善《公共道德建设大纲》完成；公务员的职业忠诚，可以通过完善《国家公务员职业道德大纲与行为准则》进行；公务员的政治忠诚，可以通过完善《国家公务员法》和发布《国家公务员建设指南与规划》加以实现。

三、加强制裁：加大违反公忠义务的道德、法律成本

加强公忠建设的伦理整合力度，一方面要对遵守公忠之道的行政人员予以适当的奖励，另一方面，要加大对违反公忠义务的惩戒力度。

---

① 罗能生：《行政忠诚及其冲突的化解》，《湖湘论坛》2005年第1期，第44—45页。

（一）构建履行公忠义务的激励机制

忠诚作为一种心理或社会契约，会增加双方对于共同的事或物的投入，并造成退出障碍或机会成本。在一方对另一方的信任投入后，另一方则给予对方适当回报。因此，国家和行政人员之间必须存在有效的双向交流机制，随时对双方的投入与收益进行评估，尤其是国家要对行政人员进行合理的绩效评估，为行政人员稳定地履行忠诚义务提供保障。关键是国家要构建德才一致的用人制度，把行政人员当做一个现实的人来看待，而不仅仅是一个被管理的对象。对行政人员的忠诚度作客观、公正的测评，对忠诚者进行奖赏，为持续的忠诚提供动力。如果行政人员生活在一种公正的用人制度中，只有选择忠诚的道德行为才是最明智的。那么，行政人员守住道德的底线就不是很难的事情了。如果这种制度安排又是稳定的，行政人员会在这种稳定的行为选择过程中形成一种稳定的行为选择模式，久而久之，这种稳定的行为选择就会成为一种如黑格尔所言的人的第二本能。因此，政治与公共行政领域应当努力构建起赏罚分明的机制，在宏观上创造出忠诚者不吃亏的良好环境。当政府官员忠诚的收益比其成本或风险大得多时，他就具有忠诚的动机，而当忠诚潜在的收益足够大时，他就可能忠诚一生。

（二）完善背叛公忠义务的惩罚机制

1. 实现公务员道德法制化

公务员道德法制化是将有关的重要行政道德上升为法律要求，在公务员道德法制化中要突出体现"为人民服务"这一核心精神，因此，对于勤政为民、联系群众、加大责任心、反对官僚主义等工作作风，有选择地法制化，有利于国家公务员在工作中更好地维护人民利益,为人民服务。

我国《公务员法》第十二条规定了公务员的道德规范问题,但是非常笼统,不具有可操作性。目前,我国还没有一部反映行政道德制度建设总体要求和规划的相关法律,而美国、日本、英国等发达国家都有比较完备的行政道德法律体系,对于规范公务员的行政行为和打击行政道德腐败起着极大的促进作用。为克服我国行政道德立法上的缺陷,做到有法可依,应尽快制定与此相关的法律文件,如《行政道德法》、《反贪污贿赂法》、《廉政法》、《国家公务员财产申报法》等等,立法要坚持从严惩治原则,为行政道德建设提供有力的法律保障。

此外,我们在加强行政道德立法的同时,还必须加强行政道德的规章制度建设。加强规章制度建设,主要是为了弥补法律制裁的不足。当前,我国对于行政道德失范而又不够法律制裁的行为,应如何处罚,还缺乏依据,如对虚报数字比较严重的"政绩制假"行为应怎样处罚,没有明确的规定。这些制度上的缺陷,往往给一些具有不良动机的人以可乘之机,乃至肆无忌惮。尽管我们已经颁布了一些有关条例,如《国家公务员暂行条例》等,这些条例对于进一步规范国家公务员的行为起过比较大的促进作用。但由于制度规范过于笼统,针对性不强,缺乏可操作性,因此,其施行效果不是很理想。针对上述情况,必须进一步完善与行政道德相关的规章制度,并且力求做到条文明确具体,惩治细则界线分明,增强实施的可操作性。这样,通过立法与具体的规章制度建设,使行政道德规范既有法可依,又有章可循,形成既有法律制裁相威慑又有行政处罚相约束的完善机制。

为使公务员在实践中能更好地把握自己的道德行为,建议根据不同行业、不同部门的特点,制定具体的、可操作性强的公务员道德行为准则,从而实现公务员道德法制化,促进公务员道德建设。

2. 推行公务员道德考评机制，完善社会赏罚机制

作为行政道德的主体，我们的党政干部遵守道德规范、履行道德义务不是以获取某种权利和奖赏为前提的，而是作为一种义务和责任贯穿个人行政生涯的始终。但国家和社会不能不考虑对个人的回报，使道德主体在履行义务之后，享受相应的权利和奖励，使不尽道德义务者或道德堕落者受到相应的制裁和惩罚，以保证和鼓励党政干部的道德积极性。行政道德规范的赏与罚，是辩证统一的，赏是鼓励人主动向善；罚是强制人向善。特别是对于那些具有严重道德问题又触犯法律的人，必须坚决诉诸法律，从严惩治，形成巨大的威慑力，使其收敛自己的行为，并最终改恶从善。

公务员的道德问题具有强烈的政治性、延展性、辐射性，即使是个人行为，在群众眼里也会产生群体效应，造成不良的社会影响。为此，我们有必要建立一整套科学的、具有可操作性的公务员道德考评机制，实行公务员道德问责制。要在制定公务员道德行为准则的基础上，细化公务员的德性指标，将公务员的德性指标与业绩指标同等对待，纠正重业绩轻道德的倾向，并实行道德考评一票否决制。这样就可以真正促使公务员认识到德性的重要性，从而促进公务员的道德建设。①

当前，完善社会赏罚机制的一项重要内容是，将党政干部的政德好坏作为级职升降的重要依据，并作为一项制度确立下来。通过赏罚机制的驱动，使越来越多的人主动向善，勤政为民，从而在全社会形成惩恶扬善的道德风尚，实现政风政德的根本好转。②

3. 完善行政伦理监督机制，突出行政问责制度

孟德斯鸠曾说过："一切有权力的人都容易滥用权力，这是万古不变的一

---

① 方旺春：《论新时期公务员道德建设创新》，《企业家天地》2006年第12期，第83页。
② 毛义德：《略论社会主义新时期的行政道德建设》，《中共桂林市委党校学报》2003年9月，第28页。

条经验。有权力的人们使用权力一直遇到有边界的地方才休止。"公务员作为公共权力的行使者和社会公共事业的管理者,在行使职权的过程中,若抵制不住诱惑,而又缺乏监督,难免会为所欲为,公权私用,甚至违法乱纪。为此,我们应加强对公务员的监督。在监督的方法上,应坚持内外监督相结合,其中内监督是八小时以内的监督,是对公务员自身的监督,外监督是八小时以外的监督,是对公务员亲属的监督;在监督的内容上,要对公务员的政治方向、行政效率、廉政勤政、工作业绩以及是否依法行政进行监督,以达到及时发现和制止偏离依法行政要求和行政道德要求的违法违规行为;在监督的主体上,在官方监督的基础上,充分发挥非官方监督主体的优势,形成监督的合力。只要有完善的监督机制,我们就可以在一定程度上防止公务员的蜕变、腐化,促进公务员的道德建设,促进行政公正的实现。

行政伦理监督是指监督主体运用行政伦理对公共行政主体进行监督,督促公共行政主体遵循行政伦理规范体系的要求去实行公正行政。这里的监督主体,既包括执政党、国家机构和公共机构等内部系统,也包括政党、人民群众、新闻媒体等外部系统。行政伦理监督的目的是促使行政机关及其公务人员的政务活动合法、合理,增强行政领导的公仆意识,防止他们滥用职权,从而保证行政机关正常地履行职责,提高行政效能。它对于促进政府依法行政,防治行政腐败,实现行政公正将发挥重要的作用。目前,我国虽然已经形成了一种内外结合、体系完整、具有中国特色的社会主义行政伦理监督体制,但还有许多不成熟的地方,比如,内部监督,由于部门利益,往往出现"互相礼让";外部监督,尽管主体众多,但难以统一协调,难以形成合力;专门监督,虽然制度不少,但实施起来步履维艰,等等,这些问题在很大程度上影响着行政公正的实现。因此,我们必须大力加强行政伦理监督的机制创新,充分发挥行政伦理监督的约束功能。

其一，加强行政伦理监督立法，增强行政伦理监督的权威性。行政伦理监督立法是建立和完善行政伦理监督机制的前提和保障。要加大行政伦理监督力度，规范行政伦理监督行为，必须以宪法为依据，以保障人民利益为目的，加快行政伦理监督立法进程，制定一系列专门的监督法律法规，如《行政监督法》、《行政监督程序法》、《行政行为监督法》等。尤其是要加快制定《行政监督法》，从法律上具体规范和明确监督主体的地位、职责、权限、监督的对象和范围、监督的手段和方式、监督者与被监督者的义务和权利等，确保监督真正落到实处。另外，还可以单独制定《罢免法》、《追究法》、《个案监督条例》等，以达到依法强化监督、细化监督、增强可操作性的目的。

其二，建立专门的行政伦理监督机构，增强行政伦理监督机构的独立性。这是提高监督主体地位的重要组织保障。从世界各国已有的监督机构及其发展趋势来看，监督机构的特点是享有广泛的授权并具有独立性，它只向最高权力机关或立法机关负责，接受他们的领导，而不从属于任何政府部门，其编制也不纳入公务员系列，只有如此才能保证行政伦理监督的实效性。如美国于1978年颁布的《政府伦理法案》，规定设立政府伦理办公室，负责执行法案的规定并为修改伦理立法、伦理规则和伦理政策提供建议。该机构起初隶属于人事管理局，后来根据1989年《政府伦理改革法案》的规定而成为独立机构，成为联邦政府的一个独立行政部门。20世纪80年代以后，许多国家都纷纷效仿美国，成立行政伦理监督机构。英国于1994年成立了"诺兰委员会"，同年，加拿大也成立了专门的政府伦理咨询办公室。除此之外，在西方行政伦理监督机构中，伦理道德巡视官的设立也是富有特色和颇有成效的。因此，我国也可以借鉴西方的做法，成立类似的机构。具体而言，我们可以在确保人大核心监督地位的前提下，在全国人大常委会下面设立一个"中央伦理监督委员会"作为全国最高监督机关，专门监察和追究政府行政人员违反行政伦理但又未构成犯罪的行为，对于违反《公务员伦理法》的公共行政人员，伦理监督委员会则可以直接作出处罚决定。同时，在地方人大常委会设立"地方伦理监督委员会"，负责监督地方政府工作，并实行垂直领导体制。地方伦理监督委员会只接受上级伦理监督委员会领导和地方人大指导，不隶属于行政部门。该垂直式专门监督委员会对政府机关及其工作人员除了具有检查权、调查权、建议权、行政处分权外，还要有独立的考核权、弹劾权、罢免权等，以保证其充分发挥监督职能。建立相对独立的监督机构后，就可以避免监督主体多元、政出多门、各行其是、力量分散的特点，形成一股强大的监督合力，充分发挥监督体系的整体效应，从而确保行政行为的公正性。

其三，建立和完善社会舆论监督体系。加强行政伦理监督仅靠以官治官，是无法从根本上治理行政不公的，必须依靠人民群众的力量，实行社会团体及群众舆论监督。社会各界、各人民团体、群众组织、企事业单位、公民个人以及新闻舆论单位依法享有广泛的监督权，它们对各级国家行政机关及其工作人员实施监督，是行政伦理监督的重要形式，是社会主义民主在国家行政管理中的具体体现。早在1945年7月，毛泽东在回答知名民主人士黄炎培的关于"周期率"的提问时就说："只有让人民来监督政府，政府才不会松懈；只有人民起来负责，才不会人亡政息。"这充分说明了人民群众监督的极端重要性。实行群众监督，要通过制定《举报法》等专门法律，建立群众举报机制，扩大群众在政策制定、干部任选等方面的知情权、参与权、选举权、批评和罢免权，使群众监督落到实处，收到实效。另外，随着社会的发展和进步，舆论监督日益成为社会关注的焦点，成为社会调控公共权力的重要手段，在西方甚至被称为"第四种权力"。党的十四大、十五大、十六大报告均强调舆论监督，提出"重视传播媒体的舆论监督"，"发挥舆论监督的作用"，"使各级国家机关及其工作人员置于有效的监督之下"。为此，我们一方面要加强新闻立法，为舆论监督提供坚实可靠的法律保障；另一方面要加强传播媒体的自身建设，坚持实事求是，把握正确的舆论方向。

针对当前行政道德失范和腐败比较严重以及道德是非标准比较混乱的状况，很有必要在舆论导向上给予有力的回应，充分发挥其批判功能和建设功能。对于广大党政干部来说，凡是为人民办实事、谋幸福，凡是对国家、对人民有利的事情，就是最大的善、最大的德；反之，则是最大的恶。坚持这个标准，有利于克服道德领域的空谈，有利于推动社会主义各项事业的发展。但值得注意的是，我们必须反对将"生产力标准"庸俗化，将其理解为一时的经济效益标准、金钱标准，将其肢解为一种急功近利的短期行为。

要坚持舆论宣传的社会主义方向，旗帜鲜明地反对行政道德失范和行政道德腐败现象。舆论导向是人们思想意识产生与变化的重要环境因素，也是引导社会心理的重要调控手段。当前，一些人胡作非为之后，不仅没有愧疚心理，反而心安理得，一个重要的原因就是舆论批判力与谴责力不够。"众人所指，无病而死"、"众口铄金"这两句格言充分说明了舆论谴责具有巨大的威慑力。

其四，突出行政问责制度的规范与推行。行政不忠，祸国殃民。近年来，我国的资源大省，如山西、云南、贵州等地，均发生了公务员虚报瞒报责任事故的重大事件，严重损害了政府形象和人民群众利益，影响十分恶劣。如震惊全国的山西"黑砖窑"事件，众多黑砖窑拐运、扣留大量未成年人充当苦力，并残酷奴役、虐待外地包身工，行为令人发指。最终，共对95名党员干部、公职人员给予党纪政纪处分。其中，涉及县处级领导干部18人，乡科级干部4人，一般党员干部37人，给予党政纪律处分的95人，开除党籍3人，留党察看3人，撤销职务7人，党内严重警告28人，党内警告5人，行政开除2人，撤职24人（其中包括撤销任职资格以及罢免职务），降级19人，记大过15人，记过14人，警告1人。①

因此，国家应当加大行政问责力度，确保行政忠诚的实践权威。通过加大对责任人员的追究力度，释放出公务员违反忠诚义务的高成本信息，引导和建设理性的行政忠诚。同时，要完善官员复出机制，予以制度化、常态化，以维护问责制的权威与尊严。

四、加大教育：培植公务员个体公忠的修养与操守

实践证明，公共行政的运作，不仅需要法律的制约、制度的监督，也需要道德的规范。行政道德对公共行政行为的规范制约作用是法律所无法替代的。因此，我国的行政公正建设，除了要在客观方面努力创造条件之外，主观上也需要行政道德来保证公正。行政道德建设过程中，"无忠则无德"，故对公务员的公忠教育尤为重要。

（一）坚持以人为本的教育理念，培养公忠道德修养

行政道德教育是指依据公务员行政道德规范，有组织、有计划地对公务员施加系统影响，使其了解、接受道德规范，并将其转化为自身的行政道德品质的过程。公务员的行政道德品质主要由行政道德认识、行政道德情感、行政道德意志、行政道德信念和行政道德习惯等组成。行政道德教育的过程，就是使公务员行政道德品质不断得到完善的过程。"以人为本"是历史

---

① 鲍丹：《山西纪检监察部门16日通报对"黑砖窑"事件涉及党员干部、公职人员的处理情况——95人失职渎职被问责》，《人民日报》2007年7月17日第5版。

唯物主义的重要原则，它充分体现了马克思主义哲学对人以及人与社会关系的科学理解。以人为本，促进人的全面发展，是社会进步的最高目标，也是行政道德教育过程中必须坚持的教育理念。坚持以人为本的教育理念，就是要在行政道德教育的过程中关注公务员的共同性以及个体的差异性，对公务员的各种要求和权利应给予合理的尊重，注入人性化的精神和理念，以便调动每个人的积极性和创造性，更好地增强行政道德教育的针对性和有效性。

行政道德直接影响着行政人员在公共行政活动中的行为，因此，预防行政道德失范的有效途径之一，就是对行政人员进行行政道德教育，使其懂得社会主义行政道德的原则要求和规范标准，培养正确的权力意识和法治精神，全面提高道德素质。政府公职人员，仅仅具有一般的社会道德意识还不够，他们的公共活动过程具有职业道德特征，必须将公共伦理作为行为的准则，廉洁奉公，恪尽职守，从而树立起良好的公职人员形象。因此，加强对行政人员的行政道德教育，形成自我内心约束机制是十分必要的。

在行政道德建设中，不仅要进行系统的行政道德教育，还要重视行政道德具体规范的建设。行政人员的行政行为，不仅要靠法律规范，而且还有一定的行政道德规范作为判断是非、评价善恶的标准。目前，必须重视行政道德规范建设，各级政府对公务人员的各个职位均应制定切实可行、内容具体、易于操作、便于评价的行为道德规范，为行政人员提供科学的行为标准，并通过各种有效的途径，如教育、宣传、感化等手段使其掌握和运用。

（二）强化行政伦理生成机制，塑造公忠伦理人格

1. 通过教育，强化行政伦理生成机制

仅仅依靠制度、法律等他律手段来实现行政公正是不够的，还必须强化

自律功能，加强内部控制，因为一切行政行为最终来源于一系列公共行政人员内化了的价值观和伦理准则，而不是来源于外部的规则和程序，并且在缺乏规则和监督机制的情况下，这种内化了的价值观和伦理准则仍然能够鼓励公共行政人员实施合乎道德规范的行为。强化自律功能主要是通过广泛地开展行政伦理教育实现的，可以说，强化行政伦理教育是保证公正行政的基础性工作。

充分认识行政伦理教育的重要性。当代世界各国都十分重视公共行政人员的伦理道德教育，并将其作为行政伦理建设的重要途径之一。有的国家从培训选拔开始就特别强调伦理道德因素，有的国家在行政人员的教育培训计划中专门开设行政伦理方面的课程，而多数国家都将各种伦理政策和道德法规当做必备的教学内容。比如，法国《公务员总章程》规定，公职的报考者必须享有公民权，具有良好的道德品质。据此，法国国家行政学院在入学考试阶段，就要对每个报考者的道德品性进行调查，在考试内容上，不仅要考查应试者的知识水平和各种能力，还要考查他们的服务精神和各种道德品质。英国的文官伦理教育由来已久，他们主要有两种方式：一种是要求公共行政人员认真研读具有较高专业标准的伦理文献，认真体会其精髓，"文官应牢记在心，人民有权利希望他们自己的想法得到同情地、公平地考虑"；另一种是宣传普及伦理行为准则，让文官不断地向高标准的行为方式进步。美国的行政伦理教育专门由政府伦理办公室下设的教育办公室负责，除课程训练外，他们还出版有《政府伦理通讯》和其他伦理教育及宣传材料。在政府伦理办公室的影响下，美国的高等院校对公共行政专门人才的培训，也特别重视行政伦理内容的训练，有的还专门开设了《政府伦理学》、《公共政策伦理》等课程。可见，行政伦理教育对于行政伦理的建设和行政公正的实现，意义非常重大。

重点培育公正意识和责任行政意识。在我国目前的社会条件下，就行政伦理教育而言，可以而且应当把公正原则的认同和公正意识的培育作为整个行政伦理教育的突破口和重点。因为公正意识的培育，公正原则的充分实施，将带动公共行政人员的整体道德素质的全面提高，引导他们真正树立起科学的人生观、价值观和伦理准则，并以此指导他们公正行政。而且，抓公正原则的教育，最容易得到人们的心理认同，一旦见效又能够促进其他道德品性的养成，全面提高人的道德水准。我们过去的行政伦理教育正是由于忽视了公正原则的宣传，忽视了公正意识的培育，结果导致伦理教育往往流于空谈，甚至引起逆反心理。实际上，公共行政人员只有具备了公正意识，才能对公众疾苦和社会诉求有更深刻的体会，才能自觉向公众负责。可见，教育全体公共行政人员逐步树立起以公正原则为核心的伦理观，努力做个公道正派的国家公职人员，为促进社会公正而奋斗，乃是行政公正的题中应有之义。

在行政伦理教育中，公正既是对公共行政人员的责任要求，又是对行政组织、行政体系及行政制度的要求。美国《行政部门工作人员的道德行为准则》在总纲中规定："政府工作人员应遵循为全体美国人民，不论其种族、肤色、宗教、性别、出生国、年龄、身体障碍，提供平等机会的所有法律和规章。"这可以说是对公共行政人员最基本的公正要求。这种公正意识是行政人员在行政实践中做出公正的行政行为的前提，它要求行政人员始终奉行为人民服务的宗旨，办事公道，待人公平，平等对待不同身份、民族、性别和不同宗教信仰的行政相对人，决不利用权力之便谋取个人、亲友或任何小团体的私利。公正意识要求行政人员不仅要自觉意识到自身的责任之所在，成为遵纪守法的模范，而且要做到法律公正与道德公正的统一，要在法与情、法律公正与道德公正相冲突时，能够正确地分析产生冲突的根源，作出正确的行为选择，特别是通过自己的创新活动来协调这种冲突。另外，由于行政组织、行政体系及行政制度最终还是通过行政人员来展开活动，因此，行政人员还要从组织、制度的角度去考虑公正的社会要求，在推进组织的治理行为和制度公正上责无旁贷。而且由于"公正即是德行，并非德行之一种。公正的行为，即是应该的行为，公正即是责任之履行"，因而，通过把公共行政人员的公正意识归属为责任行政意识，并进而表现为行政组织、行政体系及行政制度的公正责任，从而在实践中开辟实现行政公正的有效途径。

2. 通过教育，塑造公务员的公忠伦理人格

古人既强调"德教为先"，又特别强调"修身为本"。行政伦理教育固然十分重要，但行政伦理修养也不容忽视，教育机制必须与修养机制结合起来，才能有效地保证行政伦理人格的养成。因为人不同于其他的动物，他有着自觉的能动性，而且随着实践经验的逐渐丰富，其自觉能动性也会随之增强。人的这种本性，决定了公共行政人员从一开始对于行政伦理教育就不是原封不动地全盘接受，而是有选择、有取舍的。行政伦理教育究竟能起到多大的效果，在于受教育者能够接受多少。正如毛泽东所说，唯物辩证法认为外因是变化的条件，内因是变化的根据，外因通过内因而起作用。因此，在公共行政人员伦理人格的养育过程中，其自我修养的自觉性具有决定性意义。

行政伦理修养就是指公共行政人员在伦理素质诸方面进行的自我改造、自我陶冶、自我锻炼和自我培养，以及在此基础上所达到的伦理境界。加强行政伦理修养是我们党的光荣传统。刘少奇在《论共产党员的修养》中明确指出，共产党员如果能长期坚持与实践相结合的伦理修养，那么，他就可能有很好的共产主义道德，他也可能有最高尚的自尊心、自爱心，能够"慎独"，不做任何坏事。胡锦涛在中央纪委第二次全体会议上也明确要求，各级领导干部都要把加强党性修养和自我约束结合起来，努力加强自我道德修

养,带头弘扬社会主义道德风尚,模范遵守法律法规和廉洁自律规定,做到学和用、知和行的统一。《中共中央关于加强党的执政能力建设的决定》特别强调"加强党性修养,常修为政之德",其实也就是要求我们重视加强公共行政人员的行政伦理修养。

公共行政人员加强行政伦理修养,最重要的就是要牢固树立马克思主义的世界观、人生观、价值观,牢固树立正确的权力观、地位观、利益观。解决好这"六观"问题,实质上就是解决好如何对待民众的问题,解决好"权为谁授"、"政为谁执"、"利为谁谋"的问题。因此,公共行政人员必须牢固树立"只有一心为公,立党才能立得牢;只有一心为民,执政才能执得好"的观念和社会主义荣辱观,增强公仆意识,始终把群众利益放在第一位,把全心全意为人民服务作为人生的最大追求,把实现好、维护好、发展好最广大人民的根本利益作为最高目标,自觉坚持中央提出的"八个坚持,八个反对",自觉做到权为民所用、情为民所系、利为民所谋。只有这样,才能真正做到执政为民,公正行政。

行政人员作为社会公共利益、公共秩序的维护者,需要运用手中所执掌的公共权力去调节社会关系,肩负的责任重大,这就要求行政人员不断加强自身的行政道德修养。行政人员的道德修养是加强行政道德建设的必要环节和关键所在。行政道德建设的目的在于培养和完善行政人员的道德人格。而对于行政人员的道德人格和品质的形成来说,制度约束和法律制约是外部条件,是他律,道德修养是内部根据,是自律。没有高度道德修养的自觉性,外部条件就难以发挥作用。行政人员的道德修养就是行政人员在道德的各个方面所进行的自我改造、自我陶冶和自我修养以及由此而达到的道德境界,其实质是将外在的强制变为内在的自觉的过程。它包括两方面的含义:一是用一定的道德原则规范来反省、约束和激励自己,二是在实践中不断进行反省所逐步形成的道德情操和达到的道德境界。行政人员加强行政道德修养，就要努力达到"慎独"的境界。"慎独"的关键在于自觉，行政人员只有真正做到了"慎独"，才能在行政道德修养中达到较高的境界。

（三）增强责任意识和服务意识，培植公务员的公忠美德与操守

1. 强化责任意识，彰显公忠美德

简单地说，公忠美德就是社会对公忠的一致认同，而这种认同又源于责任。美国著名伦理学家特里·L·库珀对行政公职人员在行政实践中所履行的客观责任和主观责任进行比较和分析，指出"客观责任是源于法律、组织机构、社会对行政人员的角色期待"，而"主观责任却根植于我们自己对忠诚、良知认同的信仰"。他认为，当行政公职人员在行政实践中面临责任冲突时，"保持高度的主观责任是重要的，它不仅有利于整体感、自尊心和认同感的培养，也有利于履行我们的客观责任"。主观责任是行政公职人员的一种个体德性，它在政府行政实践中与行政人员的客观责任相辅相成，使行政公职人员在履行职责和义务的过程中能够相对自由裁量，不仅不违背他所承担的行政角色伦理准则，而且体现了行政公职人员在行政实践中的人文价值关怀。行政公职人员集客观责任和主观责任于一身，就具备了以其角色职责为根据来进行道德判断的角色美德。当前，针对一些行政公职人员角色责任意识淡薄、角色美德缺失的现状，公共行政领域的角色美德建设刻不容缓。必须给行政公职人员提供一个合理、明晰的角色权利义务规范要求，不仅要让行政公职人员明白自己的客观责任，而且要通过各种途径提升其主观责任。因为置身于一定政府行政机构中的行政人员是否按照其角色要求行政，是否履行其公共行政角色应该履行的职责义务，遵循其应该遵循的伦理

准则，是政府行政伦理公正能否得以真正实施的关键。

在现实的社会生活中，行政公职人员的公忠度，直接影响到政府的形象，也影响到政府与社会公众之间的关系是否良性互动。政府行政伦理的公正精神是通过一个个行政公职人员的行政忠诚表达出来的。我们熟悉的焦裕禄同志，在这个世界上只生活了短短的42年，但却感动了几代中国人。每年的5月14日焦裕禄逝世纪念日和清明节，总有上万人从全国各地自发来到河南兰考，祭奠怀念这位全心全意为人民服务的好公仆。他坚持实事求是、群众路线的领导方法，同全县干部和群众一起，与深重的自然灾害进行顽强斗争，努力改变兰考面貌。他身患重病，却依旧忍着剧痛，坚持工作，被誉为"党的好干部"、"人民的好公仆"。他用自己的实际行动，铸就了亲民爱民、艰苦奋斗、科学求实、迎难而上、无私奉献的焦裕禄精神。在新世纪的今天，他的事迹和精神仍能引起强烈共鸣，说明当今时代党和人民仍需要焦裕禄这样的好干部，需要焦裕禄精神。

孔子曰："为政以德，譬如北辰，居其所而众星共之。"这是历代政治家们视为圣经的教训，更是当今行政公职人员应该吸取的宝贵经验。可以设想，一个政府如果没有具备公忠美德的行政公职人员，这个政府的良性运行就只能是空中楼阁。很难想象，在行政公职人员公忠美德缺失的情况下，行政实践能真正展示政府行政伦理的公正精神。因此，当前的行政伦理建设要彰显行政公职人员的公忠美德建设，加强对他们的公忠美德教育，强化公忠责任意识，切实从制度供给上重视政府行政伦理公正精神的培养，唯有如此，才能有效地提升行政公职人员的公忠美德。

2. 增强服务行政理念，培植忠诚的行政操守

政府的治理理念从管理转向服务，从根本上而言是管理者与政府关系的重塑。增强服务行政理念，要求公务员摆正自己的位置，强化对行政事务和

政府的忠诚不贰，这也是培植职业忠诚的有效途径。

服务是政府软环境建设的永恒话题，增强政府服务意识是软环境营造的核心。行政人员增强服务意识，首先要解决为谁服务、为什么服务以及如何服务的问题。行政人员拥有的权力是人民赋予的，理应为人民服务，因此行政人员的服务对象是社会，是人民群众；行政人员不应是高高在上的发号施令者，而是全心全意为人民服务的人民公仆；服务是政府的天职，服务应该从为人民群众办实事做起，"忧民之所忧，乐民之所乐"。政府部门实质上是为人民服务的窗口。行政人员服务意识的增强和有效树立，对政府加强公共服务职能，提高行政服务的质量和水平具有重要意义。

温家宝总理在政府工作报告中明确提出建设服务型政府的要求，这是根据社会主义市场经济体制和人民群众的迫切需求而提出的一个新的执政理念。服务型政府是在公民本位、社会本位理念指导下，在整个公民民主秩序的框架下，通过法定程序，按照公民意志组建起来的以为人民服务为宗旨并承担着服务责任的政府。因此建设服务型政府的核心问题，是实现由官本位、政府本位向社会本位、公民本位的转变。服务型政府，就是政府的职能及其行政决策与行政行为都紧紧围绕着公众的多样化需求展开的以人为本的政府。政府把公众看做是自己的上帝，一切以公共利益为中心，做到公众至上、公众优先，并以公众的满意度作为政府运行最大的使命与考量，这正是我国政府"全心全意为人民服务"行政价值观的体现。建设服务型政府，就要为社会提供市场不能够有效提供的公共产品和公共服务，包括加强城乡公共设施建设，发展社会就业和社会保障服务，发展教育、科技、卫生等公共事业，为社会公众生活和参与社会经济、政治、文化活动提供保障和创造条件等。

温家宝总理同时还指出，一个负责任的政府，必须时刻把人民的利益放在第一位，各级政府应该用"情"打造规范化服务型政府，树立以民为本的新型政府服务理念。现代政府应该是服务型的政府，如何从管制型向服务型转变，关键取决于行政人员的思想转变，取决于行政人员服务意识和责任意识的增强和树立。增强服务意识和责任意识，要求各级政府机关和行政人员必须明确人民政府的性质，摆正政府与人民群众的关系，把管理和服务有机地融为一体，做到既廉政，又勤政，有利可图的事不擅权，无利可图的事不推诿。服务型政府的管理过程，就是由服务意识和责任意识支配行政行为的过程。增强服务意识和责任意识，其落脚点在于规范行政行为。因此，增强服务意识和责任意识，是改善政府行政行为的最为直接的保证。只有实现了在服务意识和责任意识统率下的行政行为，建设服务型政府的目标才能真正实现。

（四）突出公忠教育的"五个环节"

1. 提高公务员的公忠道德认识

行政道德认识，主要是指人们对一定的行政道德关系以及与这种道德关系相适应的道德原则和规范的理解和掌握。提高公务员的公忠道德认识，就是要帮助公务员正确理解现有的行政公忠道德关系，掌握反映这种关系的原则、规范和理论，掌握自己应履行的公忠道德、应承担的公忠道德责任等。一般说来，公务员对行政道德的认识愈全面、愈深刻，行政道德观念就愈明确，行政道德信念就愈坚定，他们就能在行政活动中正确地处理和解决各种道德矛盾，形成明确的道德判断，进行自觉的道德行为选择。相反，如果公务员不能区分道德和非道德的界限，那就有可能把不道德的行为当成道德的行为，或者把道德规范当做外在的硬性规定，勉强从之，从而不能收到良好的效果。提高公务员的公忠道德认识，作为公务员行政道德教育的目的，就是要通过教育使公务员深刻理解和把握"忠于人民"的公忠道德的最高要求，并形成服务人民、服务国家的行政道德观念，以及区分善恶是非、选择正确行政方向的道德认识能力或道德判断能力。

2. 陶冶公务员的公忠道德情感

行政道德情感是指在行政道德认识的基础上形成的善恶的行政心理体验和态度倾向。在行政道德教育过程中，不能仅仅强调道德认知，还必须大力培养公务员的道德情感，即给予公务员对已经认识到的道德要求所产生的种种体验以良好的影响，培养其扬善除恶的情怀。陶冶公忠道德情感包括两方面的内容：一是形成和强化与正确的公忠道德认识相一致的公忠道德情感，如当公务员认为自己的某项行为符合公忠道德标准时，心理上产生欣慰、自豪等情绪体验，将这种情绪体验予以强化。二是改变和抛弃与正确的公忠道德认识相抵触的行政道德情感，如当公务员认为自己的某项行为不符合公忠道德标准时，心理上产生痛苦、羞愧的情绪体验从而促使其拒绝不道德的行为。一个人如果没有对组织、事业和人民的深情厚爱，就不可能在工作中表现出对祖国繁荣、人民幸福的执著追求，也不可能对危害国家和人民利益的行为进行坚决斗争。

3. 磨炼公务员的公忠道德意志

行政道德意志是在具体的道德情境中作出道德决断和执行道德决断的决心、勇气和毅力。意志有强弱之分，坚强的道德意志是一种坚定的道德意愿和意向，也是坚持贯彻这种意愿和意向的决心、勇气和毅力。公务员在实践公忠道德规范时，并不都是一帆风顺的，常常会遇到这样那样的障碍和阻力，而面对这些障碍和阻力，如果没有坚强的公忠道德意志，在道德实践中就不能战胜种种困难，就不能把对真理和正义的追求坚持下去。不仅如此，还可能因意志薄弱而被恶势力征服。所以，我们要努力养成公务员在各种困难的情境中坚持贯彻其公忠道德意愿和意向的毅力，磨练其抵制私忠和坚持真理正义的勇气与自制力。公务员也只有具备了这种坚强的公忠道德意志，才能排除各种干扰和障碍，在忠诚冲突面前不退缩，并作出正确的道德认知选择。必须看到，这一意志品质的培养和锻炼，对于处于市场经济条件下的我国公务员来说，具有反腐倡廉和建设政治政府的重要意义，它应当成为我们加强行政道德教育的重点目标。

4. 坚定公务员的公忠道德信念

行政道德信念是公务员对于行政道德原则、规范的确信和信仰，是行政道德的内化和行政道德品质的核心所在。公务员公忠道德的教育，根本点就在于要使公务员确定并不断强化对于公忠道德的精神信念。如："忠于组织"的信念，培养公务员自觉服从于组织和上级，处理好上下级之间的关系；"忠于事业"的信念，把公务员的个人价值融入政府和行政事业之中，历练公务员的职业操守；"忠于人民"的信念，培养公务员忠于法律，服务于人民的政治追求。一旦这些信念确定并得到强化，它就会成为公务员心中的精神支柱。无产阶级的伟大领袖和先进的革命战士、优秀的社会主义者，之所以能够为社会主义事业鞠躬尽瘁、死而后已，一个重要的原因就是他们认定社会主义的思想体系和社会制度是自有人类历史以来最完全、最进步、最革命的，坚信社会主义事业是正义的，正义的事业是任何敌人也攻不破的。

5. 培养公务员的公忠道德习惯

行政道德习惯是在长期的行政活动实践中自觉或不自觉形成的一种稳定的自动化了的道德行为倾向。行政道德习惯不仅是行政道德认识、行政道德情感、行政道德意志和行政道德信念的有机融合，而且是一定道德行为反复积累而成的结晶。使公务员养成良好的公忠道德习惯，就是要使他们自觉遵守已经认可的公忠道德原则和规范，把自觉的公忠道德意识变成实际的公忠道德行为，经过长期积累而成为持久的、稳定的生活习惯，成为心理上的一种行为方式。良好的公忠道德习惯是公务员具有良好公忠道德素质的客观标志，也是公务员良好公忠道德素质的客观内容所在，它包含多方面的具体内容，比如：诚恳待人的习惯、热心服务的习惯、关心群众的习惯、科学决策的习惯、廉洁奉公的习惯、公事公办的习惯等等。当一个人不再时时事事需要经过道德思考，而是自然地按照一定的道德要求去指导自己的行为时，他就养成了一定的道德习惯。毛泽东说："一个人做点好事并不难，难的是一辈子做好事，不做坏事，一贯地有益于广大群众，一贯地有益于青年，一贯地有益于革命，艰苦奋斗几十年如一日，这才是最难最难的啊！"这说明良好的道德习惯来之不易，只有具备了它，才能真正称得上道德高尚的人。

参考文献

1. 《十三经注疏·左传》，中华书局1979年版。
2. 《忠经》，上海古籍出版社1988年版。
3. 《武经七书·六韬》，解放军出版社1986年版。
4. 《十三经注疏·论语》，中华书局1979年版。
5. 罗国杰：《道德建设论》，湖南人民出版社1997年版。
6. 曾钊新、李建华：《道德心理学》，中南大学出版社2002年版。
7. 曾钊新：《伦理十讲》，中国社会科学出版社2006年版。
8. 李建华：《中国官德——从传统到现代》，四川人民出版社2000年版。
9. 李建华：《腐败论——权力之癌的病理解析》，中南工业大学出版社1997年版。
10. 李建华：《法治社会中的伦理秩序》，中国社会科学出版社2004年版。
11. 万俊人：《现代公共管理伦理导论》，人民出版社2005年版。
12. 王阳明：《王阳明全集》，上海古籍出版社1992年版。
13. 王伟：《公仆意识概论》，国家行政学院出版社2011年版。
14. 张康之：《公共管理导论》，经济科学出版社2003年版。
15. 唐士其：《国家与社会的关系》，北京大学出版社1997年版。
16. 詹士友：《公义与正气》，人民出版社2006年版。
17. 吴高盛：《中华人民共和国公务员法辅导读本》，人民出版社2005年版。
18. [美] 弗雷德里克森：《公共行政的精神》，张成福等译，中国人民大学出版社2003年版。
19. [美] 特里·L·库珀：《行政伦理学：实现行政责任的途径》，张秀琴译，中国人民大学出版社2010年版。

20. [德] 马克斯·韦伯:《经济与社会》(下卷),林远荣译,商务印书馆 1998年版。
21. 李好:《论忠诚之为政治伦理美德》,《道德与文明》2008年第3期。
22. 李建华、牛磊:《行政检举:走向一种新的行政忠诚——对行政伦理学忠诚困境的解读》,《南昌大学学报》2007年第38卷第1期。
23. 韦长伟:《社会转型时期的行政忠诚研究:问题与对策》,《四川行政学院学报》2011年第2期。
24. 尹富岚、刘婧:《萍乡出台干部德行考评办法》,《江西日报》2010年10月17日02版。
25. 张萃萍:《当前我国行政道德建设存在的主要问题及其思考》,《四川行政学院学报》2008年第2期。
26. 韦长伟:《公务员忠诚问题探析》,《公共行政》2008年第12期。
27. 侯茜、范卫红:《外国公务员惩戒制度与借鉴》,《行政法学研究》2004年第1期。
28. 李振秋:《国外官德建设的借鉴》,《柳州师专学报》2006年第21卷第3期。
29. 罗能生:《行政忠诚及其冲突的化解》,《湖湘论坛》2005年第1期。
30. 白俊璐:《社会转型期我国行政道德失范的原因解析》,《延边党校学院》2010年第25卷第4期。
31. 段园园:《国外公务员行政道德建设及启示》,《郑州航空工业管理学院学报(社会科学版)》2009年第28卷第1期。
32. 李好、李建华:《公共行政的伦理危机与忠诚伦理的价值凸显》,《学习论坛》2007年第23卷第9期。
33. 朱鸿召:《规范民意调查与构建和谐社会》,《南京邮电大学学报(社会科学版)》2006年3月,第8卷第1期。

34. 林竹:《西方民意调查的发展及其对中国的借鉴》,《社科纵横》2007年总第22卷第5期。

35. 任者春:《公正:当代伦理的精神指向》,《山东师范大学学报(人文社会科学版)》2004年第49卷第4期。

36. 刘时工:《论道德评价》,《华东师范大学学报(哲学社会科学版)》2008年第4卷。

37. 赵益红:《对建立民意诉求互动机制的几点思考》,《北京石油干部管理学院学报》2007年第14卷第3期。

38. 王峰:《行政正义研究》,东南大学2004年博士学位论文。

39. 徐云鹏:《中国现代官德建设研究》,中共中央党校研究生院2003年博士学位论文。

40. 杨冬艳:《西方公共行政正义研究》,湖南师范大学2008年博士研究生学位论文。

41. 叶勤:《行政正义研究》,南京师范大学2010年博士研究生学位论文。

42. 曹霞:《以行政正义为基础的公务员伦理关系构建——关于当前我国公务员伦理关系现状的理论与实证研究》,东南大学2008年硕士研究生学位论文。